Couverture : Agence France Presse
Conception graphique : Speculoos
www.speculoos.com

Place des archers, 4
7000 MONS (Belgique)
editionstribord@yahoo.fr

ISBN 978-2-930390-37-6

SURVIE

La France en guerre au Mali

Enjeux et zones d'ombre

COORDINATION :
Juliette Poirson, Fabrice Tarrit

CONTRIBUTEURS :
Marie Bazin, Odile Biyidi,
Raphaël De Benito, Danyel Dubreuil,
Grégory Giraud, Raphaël Granvaud,
Bruno Jaffré, Mathieu Lopes,
Gérard Moreau, Issa Ndiaye,
Juliette Poirson, François Schockweiller,
Bernard Schmid, Fabrice Tarrit.

L'ASSOCIATION SURVIE

L'association (loi 1901) Survie a trois objectifs principaux : ramener à la raison démocratique la politique de la France en Afrique (lutte contre la Françafrique et le néocolonialisme), combattre la banalisation du génocide et réinventer la solidarité internationale par la promotion des Biens Publics mondiaux.

Elle mène des campagnes d'information et d'interpellation des citoyens et des élus pour une réforme de la politique de la France en Afrique et des relations Nord-Sud. L'association fonde son action sur la légitimité qui incombe à chacun d'interpeller ses élus et d'exiger un contrôle réel des choix politiques dans tous les domaines.

Elle compte plus de 1.700 adhérents, plusieurs centaines de militants et 25 groupes locaux qui relaient ses campagnes dans toute la France.

Survie édite un Bulletin mensuel d'information alternative sur les avatars de la politique de la France en Afrique depuis 1994, *Billets d'Afrique et d'ailleurs*, disponible sur abonnement.

SURVIE FRANCE (SIÈGE NATIONAL)
107 boulevard de Magenta 75010 Paris
Tél : 01 44 61 03 25
Fax : 01 44 61 03 20
contact@survie.org
www.survie.org

Introduction

Le 10 janvier 2013, le Président François Hollande a pris la responsabilité d'engager l'armée française au Mali et de lancer une guerre de grande ampleur contre des groupes armés se réclamant de l'islam radical, Ansar Dine, le Mujao et Aqmi, qui occupaient les deux tiers du pays, sa partie saharienne désertique, et y commettaient de graves atteintes aux droits de humains.

Cette occupation du territoire malien par des forces hostiles a résulté de la déroute de l'armée malienne dès les premières attaques perpétrées au nord du Mali par le groupe armé touareg indépendantiste MNLA (Mouvement national de libération de l'Azawad), aidé d'Ansar Dine début janvier 2012. La débâcle a contribué au coup d'État militaire perpétré contre le Président Amadou Toumani Touré le 22 mars 2012, deux mois avant la date prévue de l'élection présidentielle malienne. Le chaos institutionnel ainsi provoqué a facilité l'occupation du Nord du pays par des groupes armés ayant supplanté le MNLA. La menace qu'ont fait peser les groupes armés ayant occupé le Nord du Mali pendant plusieurs mois sur la population et l'intégrité du Mali est réelle. Leurs exactions sont connues et ont provoqué la fuite de centaines de milliers de personnes.

La diplomatie française a avancé depuis le mois de juillet 2012 qu'une intervention militaire au Mali était nécessaire tout en assurant que la France n'assumerait qu'un « soutien logistique » à une intervention « africaine ». Pour appuyer ce scénario, elle a participé à la marginalisation des acteurs maliens et joué de son influence auprès des instances régionales et internationales, plaidant pour une intervention rapide alors qu'un certain nombre d'États de la zone et d'autres puissances internationales étaient très réservés sur la pertinence de cette option.

L'association Survie, qui combat inlassablement les dérives de la politique de la France en Afrique depuis plus de 25 ans, a été parmi les premiers observateurs avisés des relations franco-africaines à analyser de façon critique le positionnement en première ligne de la diplomatie et de l'armée française dans le conflit malien, relevant de multiples zones d'ombres et contradictions dans le discours et dans les actes posés.

UNE OFFENSIVE ÉCLAIR

Le 9 janvier 2013, c'est le mouvement de ces groupes armés en direction de Mopti, concrétisé par la prise de la ville de Konna, qui conduit les autorités maliennes à demander un appui militaire à la France.

L'intervention française lancée le 10 janvier 2013, préparée manifestement de longue date, met un coup d'arrêt à l'offensive vers le Sud du pays de ces groupes armés, provoquant le soulagement compréhensible des Maliens.

Rapidement, la France, qui prétendait tout d'abord n'intervenir que pour bloquer les groupes armés, revoit ses buts de guerre et lance une offensive militaire multidimensionnelle de très grande ampleur, reconquérant elle-même les principales villes du Nord du Mali avec des troupes au sol et aéroportées et allant jusque dans les zones les plus reculées du pays « neutraliser » ou « anéantir » les « terroristes », selon les termes employés par les autorités et l'armée française. L'opération est baptisée « Serval », du nom d'un petit félin africain.

En un intervalle de temps très court 4.000 soldats français et 12.000 tonnes de matériel sont déployés sur le sol malien, l'armée française s'appuyant sur son dispositif militaire implanté dans plusieurs pays de la région, au Tchad et en Côte d'Ivoire en particulier. Des centaines de rotations sont menées par l'aviation française avec en fer de lance, l'intervention des fleurons de l'armée française, des avions *Rafale* et des hélicoptères *Tigre*. Des parachutages massifs de troupes et de matériels sont opérées, notamment sur Tombouctou entre le 27 et le 28 janvier, qui ne sont pas sans rappeler symboliquement la prise de Kolwezi par les paras français en 1978, au Zaïre ou le largage de soldats sur Birao en Centrafrique en 2006. C'est à une véritable démonstration de force tricolore que l'on assiste, soutenue quasiment sans réserve par l'essentiel de la classe politique française.

La communication sur l'opération militaire française atteint son apogée le 2 février 2013 quand le Président de la République française, endossant un rôle nouveau de chef de guerre, est filmé paradant devant ses troupes à Bamako et Tombouctou, au milieu de Maliens en liesse.

La propagande massive déployée par l'armée française et le gouvernement français pour défendre le bien-fondé de l'opération (exagérant notamment la menace pesant sur la capitale Bamako), sa légalité internationale, et ses succès opérationnels, est relayée par la plupart des médias français, occultant le plus souvent les nombreuses zones d'ombre de cette guerre menée par la France au Mali.

Le 28 mars, le Président François Hollande déclare à la télévision française que les objectifs de l'opération sont atteints, à l'exception de la libération des otages français retenus dans le Sahel. Un calendrier de retrait progressif des forces est proposé, qui se concrétise le 8 avril par le départ du Mali de 120 parachutistes. Mais le maintien d'une partie du contingent, 1.000 hommes chargés de « lutter contre le terrorisme » au delà de 2013 est également annoncé. Dans la même allocution, le Président français, dans une posture aux forts relents coloniaux, se déclare « intraitable » sur le respect par le gouvernement malien du calendrier électoral fixé par les partenaires internationaux. Un calendrier qui fait pourtant débat étant sonné les difficultés à organiser un tel scrutin dans un pays encore en guerre et comptant plus de 400.000 réfugiés et déplacés.

Le 22 avril, le Parlement français à l'unanimité et sans réel débat contradictoire, donne son accord à la prolongation de l'Opération Serval au delà de 4 mois, conformément à la réforme constitutionnelle du 23 juillet 2008. 500 soldats français ont alors déjà quitté le Mali. Ce vote est précédé de la remise d'un rapport d'information coordonné par deux sénateurs, Jean-Pierre Chevènement et Gérard Larcher, qui vante le succès de l'opération Serval et affirme la nécessité pour l'armée française de préserver son budget et conserver des forces pré-positionnés en Afrique. Trois jours plus tard, fortement influencé par la France, le Conseil de sécurité de l'ONU adopte la résolution 2100 instituant une mission de maintien de la paix dans laquelle l'armée française obtient de conserver une force parallèle chargée de lutter contre le terrorisme.

LA NÉCESSITÉ D'EXPRIMER UNE VOIX CRITIQUE

Le travail d'enquête et d'analyse produit par l'association Survie sur le Mali s'est concrétisé par la publication de nombreux articles entre janvier 2012 et janvier 2013, puis par l'élaboration d'un premier dossier d'information diffusé sur le web le 23 janvier 2013, moins de deux semaines après le début de l'opération Serval.

Le succès rencontré par ce dossier a débouché sur la volonté de produire un document plus complet, à travers la présente publication, réalisée collectivement par des militantes et militants de Survie, dont certains suivent la situation au Mali et dans les pays de la région depuis de nombreuses années et échangent régulièrement avec des représentants de la société civile malienne.

L'association a tenté de montrer dans ses écrits et interventions publiques que la France était l'État le moins bien placé pour se placer à la tête de telles manœuvres, du fait de son histoire coloniale dans la région et de la politique qu'elle y a menée depuis les indépendances : installation de pouvoirs dictatoriaux, interventions militaires déstabilisatrices et criminelles, tutelle monétaire, politique, prédation des matières premières.

En effet, même si le Mali est moins marqué du joug de la *Françafrique*[1] que certains États voisins tels que le Burkina Faso ou la Côte d'Ivoire, le passif de la diplomatie française dans ce pays est important. On peut évoquer des éléments historiques tels que le soutien français apporté à la dictature de Moussa Traoré de 1968 à 1991, l'attitude ambiguë des autorités françaises à l'égard du séparatisme touareg, le rôle de la France dans l'assujettissement économique du pays (endettement, privatisations, tutelle monétaire). Et plus récemment, l'humiliation et la violence subies par les migrants maliens confrontés à une politique migratoire française des plus restrictives ou l'impact de l'intervention militaire française en Libye sur la déstabilisation du Nord du Mali.

Survie s'est en outre alarmée de constater combien la diplomatie française n'avait pas tiré les leçons des interventions militaires récentes lancées en Côte

1. François-Xavier VERSCHAVE, La Françafrique, le plus long scandale de la République, Stock, Paris, 1998.

d'Ivoire, où la France a choisi d'installer par la force un régime issu d'élections contestables et auteur de multiples exactions impunies à l'égard de ses adversaires, et surtout en Libye, où la chute de Muammar Kadhafi a été organisée sans tenir compte du risque de dissémination d'armes et de combattants dans tout le Sahel.

Le positionnement de l'association a nécessité une approche multidimensionnelle des enjeux de la crise malienne, de l'intervention française et ses desseins inavoués ; sans négliger bien sûr d'écouter et de tenter de comprendre les positions de la société civile malienne, présentée comme très majoritairement favorable à cette intervention mais attentive à ses dérives potentielles. Au cours du Forum Social Mondial organisé à Tunis du 26 au 30 mars 2013, la guerre au Mali a été au cœur de très nombreux débats et échanges formels et informels entre associations maliennes, africaines, et européennes tranchant radicalement avec l'unanimisme entourant en France l'opération Serval.

Conformément aux objectifs de l'association Survie, cet ouvrage se concentre sur le rôle de la France au Mali tout en abordant le rôle des autres acteurs clé de la crise. Il y a en effet beaucoup à dire sur la faillite de la coopération militaire dans la région, l'inertie de la Cedeao, l'échec retentissant des programmes de formation militaires mis en œuvre dans le Sahel par les occidentaux, États-Unis en tête, sous couvert de lutte contre le terrorisme, l'incapacité de l'Union Européenne à traiter un problème aussi sensible si près de ses frontières et sa tendance naturelle à confier les rênes à la France en cas de crise en Afrique. Sans oublier le jeu trouble d'états comme l'Algérie et le Qatar, qui soufflent en permanence le chaud et le froid sur les questions touchant le terrorisme islamiste et, bien sûr, l'écrasante responsabilité des institutions civiles et militaires maliennes dans cette plongée dans le chaos, qui explique en grande partie pourquoi l'opinion malienne a soutenu quasiment sans réserve une intervention française jugée préférable à l'attentisme et au vide institutionnel et moral.

Il ne s'agit pas pour Survie de faire porter à la France seule la responsabilité de la crise au Mali mais de décrypter, à la lumière des enjeux français dans la zone, le rôle joué par la France dans la genèse de cette crise et le jeu diplomatique qu'elle a mené pour déclencher et conduire une intervention militaire dont elle a été la principale force.

Il s'agit également de faire le jour sur des éléments liés à l'intervention passés sous silence et de dégager des pistes d'analyse et de réflexion prospectives sur les conséquences de cette guerre française, au Mali et dans la région, en matière économique, politique, militaire et humanitaire, en particulier le risque de mise sous tutelle du pays et d'aggravation de sa perte de souveraineté.

Partie I
La genèse de la crise et de l'intervention de la France

Le Mali

Ancienne colonie française du Soudan français, le Mali est devenu indépendant le 22 septembre 1960, après l'éclatement de la Fédération du Mali regroupant le Sénégal et le Soudan français. La République du Mali a conservé les frontières héritées de la colonisation.

Frontalier de sept pays d'Afrique de l'Ouest, le Mali est le 7e plus grand pays d'Afrique, avec une superficie de plus de 1,2 millions de km². Il compte plus de 16 millions d'habitants, dont 2 millions vivent dans sa capitale, Bamako, située au sud du pays, zone qui abrite la majorité de la population. Le nord du pays, qui représente 60% du territoire, rassemble approximativement 10% de la population dans trois des sept régions du pays (régions de Gao, Kidal et Tombouctou).

La société malienne est une société pluriculturelle, qui a une histoire très riche et très documentée, grâce à sa culture orale qui a perpétué des récits en particulier sur les empires qui se sont succédé (empire du Ghana, du Mali, Songhaï). L'islamisation du Mali est très ancienne. La majorité de la population est musulmane et pratique un islam dit malékite, qualifié couramment de « tolérant ».

Avec un indice de développement humain (IDH) de 0,359, le Mali se classe au 175e rang mondial (sur 187) et est donc considéré comme un pays au « développement humain faible », comme la plupart de ses voisins, tous d'anciennes colonies françaises. Malgré une augmentation de son IDH au cours des trente dernières années, les indicateurs restent bas, que ce soit en termes d'éducation, de santé ou de revenus. L'espérance de vie ne dépasse pas 53 ans pour les hommes ou les femmes ; le taux d'alphabétisation en 2010 était de 31% seulement ; plus de la moitié de la population vit sous le seuil de pauvreté.

L'économie est très dépendante de l'agriculture et des aléas climatiques, en particulier du volume de précipitations durant la saison des pluies. Le pays a connu deux grandes sécheresses dans les années 70 et 80. Au cours des dix dernières années, le PIB par habitant a presque doublé (passant de 353$ en 2003 à 668$ en 2011), pour autant l'augmentation a été moins forte que pour le reste de l'Afrique subsaharienne. Jusqu'à la crise politique de 2012, la croissance économique du Mali est restée positive, mais fortement dépendante du secteur agricole (céréales, coton, élevage) et donc vulnérable aux pressions de l'économie mondialisée et aux aléas climatiques.

L'or, exploité dans l'ouest du pays par des multinationales canadiennes et sud-africaines, constitue une grande part des recettes d'exportation du Mali, bien que les revenus profitent peu au pays. Le combat contre les conditions d'exploitation des mines d'or au Mali a d'ailleurs fait partie des grands combats de la société civile malienne, très organisée et mobilisée contre le pillage du pays (via la dette, les agissements des multinationales et les privatisations), pour les droits des femmes, pour la liberté de circulation, etc.

D'un point de vue institutionnel, le Mali est une république semi-présidentielle, fondée sur la constitution adoptée par référendum en janvier 1992, fondant la IIIe République malienne.

Le Mali est membre de l'Union économique et monétaire ouest-africaine (UEMOA). Sa monnaie est le franc CFA.

Repères historiques sur la relation franco-malienne

1863 : Début du projet de conquête coloniale française du Mali mené par Faidherbe, puis Gallieni. Le processus de conquête est long et violent, marqué par de fortes résistances, incarnées entre autre par Samory Touré.
1895 : Une partie du territoire malien, dénommé Haut-Sénégal-Niger devient une colonie française intégrée à l'Afrique-Occidentale française.
1914-1918 : De nombreux Maliens figurent parmi les 200.000 « tirailleurs » envoyés au combat sur le sol français.
1916 : Révoltes touareg de Firhun au Mali et de Kaosen au Niger, qui affaiblissent l'armée coloniale.
1920 : La colonie prend le nom de « Soudan français ».
1932 : Création de l'Office du Niger, immense projet colonial d'aménagement de terres irriguées pour la culture du coton et du riz. Recours massif au travail forcé.
1945 : Essor des revendications d'indépendance. Des figures politiques maliennes anticolonialistes émergent, parmi lesquelles Modibo Keïta, membre du Rassemblement démocratique Africain. Il devient Maire de Bamako en 1956 et est élu à l'Assemblée Nationale française, dont il sera le Vice-Président.
1957 : Création de l'Organisation Communautaire des Régions Sahariennes (OCRS) par la France, afin de se conserver ses prérogatives sur le Sahara dans un contexte de poussée des revendications d'indépendance.

1960 (22 septembre) : Le Mali accède à l'indépendance avec à sa tête Modibo Keïta. D'inspiration socialiste, M. Keïta prône la décolonisation économique (nationalisation de l'Office du Niger), le non-alignement, se rapproche des pays de l'Est et de la Chine.
1961 : Modibo Keïta exige le départ des troupes françaises du Mali, et soutient la lutte d'indépendance du FLN algérien.
1964 : Le Mali sort du franc CFA et créée le franc malien, monnaie nationale.
1968 : Moussa Traoré renverse Modibo Keïta. Son régime dictatorial est marqué par un rapprochement avec la France, sous l'égide de Jacques Foccart.
1972 : Moussa Traoré est reçu à l'Élysée par Georges Pompidou.
1974 : Création de la Compagnie malienne pour le développement du textile (CMDT) société d'économie mixte dont la Compagnie française pour le développement des fibres textiles (CFDT), devenue plus tard Dagris, est actionnaire à 40%.
1977 : Signature d'une convention militaire franco-malienne qui renoue les relations interrompues en 1960.
1984 : Retour du Mali dans le giron du franc CFA, suppression du franc malien.
1985 : Accord de coopération militaire franco-malien.
1986 : Première expulsion massive de Maliens par le « Charter des 101 Maliens » affrété par le ministre de l'Intérieur Charles Pasqua.
1991 : Coup d'État contre Moussa Traoré. Le lieutenant-colonel Amadou Toumani Touré cède le pouvoir aux civils. Alpha Oumar Konaré est élu Président l'année suivante.

1996 : L'évacuation brutale de l'Église Saint-Bernard (Paris), occupée par des sans-papiers maliens, marque le durcissement croissant de la politique migratoire française, que les gouvernements français successifs reprendront à leur compte.
1997 : Réélection d'Alpha Oumar Konaré.
2002 : Élection d'Amadou Toumani Touré à la Présidence de la République.
2005 : Organisation du Sommet Afrique France à Bamako, en présence de Jacques Chirac. Survie et la CAD Mali organisent simultanément un contre-sommet, le premier de ce type en Afrique. Cette même année le Forum Social Mondial s'était tenu à Bamako.
2005 : L'État malien rompt son contrat avec l'entreprise française Bouygues pour le marché de distribution de l'électricité. Bouygues est par ailleurs confronté à d'importants mouvements sociaux dans la mine d'or de Morila, gérée par une de ses filiales.
2007 : L'entreprise cotonnière française Dagris (Geocoton), privatisée, se retire de la course à la privatisation de la CMDT. Le marché cotonnier malien est alors en pleine crise.
2009 : Le gouvernement malien refuse de signer avec la France des accords de réadmission des migrants maliens expulsés.
2010 : Des soldats maliens paradent sur les Champs-Élysées le 14 juillet à l'occasion de la commémoration du cinquantenaire des indépendances, sous les yeux des présidents français et maliens.
2010 : Un otage français est tué dans le Nord du Mali. La France obtient la libération d'un autre otage français contre la libération par Bamako de quatre membres d'Aqmi, à la demande du groupe armé ; La France

renforce les mesures de restriction des déplacements au Mali, jugées trop sévère par les autorités maliennes. Le tourisme malien est profondément affecté.
2011 : Sous l'impulsion de la France, ses alliés de l'OTAN déclenchent une intervention en Libye, qui conduira à la dispersion d'arsenaux et au retour d'hommes armés dans toute la région et notamment au Mali.

1. Le Mali, une « vitrine » démocratique qui a volé en éclats

Le Mali est un cas atypique au regard des pays de la Françafrique. Son premier président Modibo Keïta fut un fervent promoteur de l'unité africaine au lendemain des indépendances, mais les divergences de vues entre les nouveaux États africains, attisées par la France, l'empêcheront de mener à bien ses projets, dont certains allaient à l'encontre des intérêts français (sortie du franc CFA, refus d'implantation de bases militaires françaises). Les difficultés économiques croissantes rencontrées par sa politique socialiste et la crispation du régime, seront alléguées pour expliquer le renversement de Modibo Keita en 1968, par un coup d'État militaire perpétré par le général Moussa Traoré avec la bénédiction des autorités françaises. Celui-ci instaure une dictature militaire impitoyable, interdisant toute opposition. Il faudra attendre mars 1991 pour que les soulèvements populaires soient finalement appuyés par l'armée qui renverse alors le général Moussa Traoré.

UN MODÈLE DE DÉMOCRATIE QUI ARRANGEAIT LA COMMUNAUTÉ INTERNATIONALE

Le coup d'État débouche sur l'organisation d'une Conférence nationale souveraine, la remise du pouvoir aux civils puis la mise en place de réformes institutionnelles sous la présidence d'Alpha Oumar Konaré

(1992-2002). Cette transition démocratique, suivie par une phase de politique dite « consensuelle » menée par le président Amadou Toumani Touré, jusqu'en 2012, a été parfois présentée comme un modèle de démocratie dans un continent marqué par les pouvoirs despotiques, les coups d'État et autres successions dynastiques.

Cet enracinement supposé de la démocratie s'est cependant établi sur un terreau social et économique très fragile, dans un pays marqué par la prévalence d'une pauvreté endémique, comme le confirme son classement régulier parmi les dix pays les plus pauvres du monde en matière d'Indice de développement humain (IDH).

L'État malien s'est montré incapable d'assurer la fourniture des services de base à sa population, dans un contexte marqué par la crise du secteur coton (autrefois qualifié d'« or blanc » du pays) et d'insécurité alimentaire récurrente liée aux aléas climatiques et à l'absence de modernisation du secteur agricole. Les seules richesses du pays susceptibles d'apporter des devises, l'exploitation de l'or et le tourisme (en chute libre avec la montée de l'insécurité dans le Nord du pays), n'auront que très peu profité aux populations.

Les États soutenant le Mali, y compris la France, ont largement occulté les zones d'ombre de la démocratie malienne. Ils ont passé sous silence les violations des droits de l'Homme et minimisant les irrégularités électorales (notamment celles de 1997[2], qui ont provoqué une importante crise politique, ou encore celles

2. Voir notamment les rapports d'Amnesty international, en particulier Amnesty International, *Mali, conflit ethnique et massacre de civils*, réf AFR 37/008/1994 ; *Mali, des libertés essentielles remises en cause*, réf AFR 37/001/1997.

de 2002 et 2007, dernière présidentielle en date qui a vu Amadou Toumani Touré l'emporter au 1er tour avec 71,2% des voix), de même que le développement endémique de la corruption. Au Mali comme dans de nombreux pays de la région, l'achat de voix et de candidats et la très faible participation marquent la plupart des scrutins nationaux et locaux.

Le système recycle les élus d'un régime à l'autre. Le premier président après la dictature, Alpha Oumar Konaré, était d'abord enseignant syndicaliste sous le régime de Moussa Traoré, dont il devint ensuite ministre de la Jeunesse, des Sports, des Arts et de la Culture en 1978. Au lendemain de la révolution de 1991, il devient président du parti qui prendra le pouvoir, l'Adema, et renforce son image publique à l'intérieur et à l'extérieur du pays notamment grâce à ses réseaux dans la Francophonie. Il fait deux mandats jusqu'en 2002 puis continue à frayer dans les rouages de la Francophonie.

Le pays était d'autant plus applaudi que ses élites, en grande partie corrompues, ont accepté la domination des tutelles internationales. Le cercle vicieux de l'aide s'est imposé en parallèle des politiques économiques dévastatrices des institutions internationales (FMI, Banque Mondiale). Le surendettement des années 1970 (entre 1968 et 1980, le stock de la dette du Mali augmente de 175% et le service de la dette de 218%[3]) a servi de justification pour exiger du Mali une restructuration de la dette. Cette restructuration conditionnée à des plans d'ajustement structurels mortifères a

3. Pauline IMBACH, «Lettre ouverte à François Hollande», *CADTM*, 8 mars 2013. Consultable sur le site du CADTM.

imposé l'austérité dans les dépenses publiques, puis les privatisations et la libéralisation à outrance des années 1990 et 2000, et s'est perpétuée avec l'initiative PPTE d'allègement de la dette pour les pays pauvres très endettés. La France, un des premiers créanciers du Mali, a bien sûr appuyé cette politique prédatrice, tout en maintenant le pays sous la tutelle monétaire du Franc CFA, mettant les Maliens à la merci des dévaluations décidées par Paris, à l'exemple de la grande dévaluation de 1994.

Les dignitaires du régime malien, jusqu'aux plus hauts rangs de l'État, ont laissé les institutions se déliter peu à peu, à l'image de l'armée malienne laissée dans un état d'impréparation et de sous-équipement critique et dirigée par des gradés trop occupés par la gestion despotique, la quête d'avantages et de promotions, et pour certains, par la collusion avec Aqmi dans divers trafics (otages, drogue, etc.).

Ces dernières années, les relations entre les gouvernements français et malien s'étaient distendues puis raidies suite au refus du Mali de signer les accords de réadmission de ses ressortissants, et du fait de son manque d'agressivité à l'égard d'Aqmi, présent au nord du Mali et responsable de prises récurrentes d'otages occidentaux. La France et d'autres ont alors commencé à considérer Amadou Toumani Touré comme « le maillon faible de la lutte contre le terrorisme » voire même l'ont accusé d'être complice d'Aqmi[4]. Le Président malien répondait à ces accusations en arguant qu'il ne pouvait être accusé d'être le maillon

4. Institut Thomas More, « Le Mali, 'maillon faible' de la lutte contre le terrorisme », 15 novembre 2010. www.institut-thomas-more.org

faible d'une chaîne inexistante, pointant l'absence de coopération effective entre les pays de la région.

En 2011, des rumeurs faisant état d'une possible modification de la Constitution par Amadou Toumani Touré afin de se représenter pour un troisième mandat, suivies de l'élaboration par les autorités maliennes d'un projet de réforme institutionnelle (n'incluant pas de possibilité de prolonger le mandat présidentiel) suscitent de nombreuses réactions hostiles à Amadou Toumani Touré au sein de l'opinion malienne et de la classe politique. Le collectif « Touche pas à ma Constitution » qui réunit une vingtaine d'organisations bat le pavé à Bamako. Certains de ses membres se retrouveront parmi les soutiens au putsch du 22 mars 2013.

Le pays connaissait en outre une stabilité toute relative marquée par des rébellions sporadiques au nord du Mali depuis les indépendances et par le développement de trafics en tous genres, en particulier dans les vingt dernières décennies. D'une part, des groupes touareg ont pris les armes régulièrement depuis les années 1960. D'autre part, des groupes dits islamistes et pratiquant différents trafics dont les prises d'otages se sont installés au nord du Mali à partir de la fin des années 1990 et surtout au début des années 2000, en particulier du Groupe Salafiste pour la Prédication et le Combat (GSPC), devenu Aqmi en 2007.

DU DÉLITEMENT À LA CRISE MULTIFORME DE 2012

Ce délitement des institutions, qui est allé de pair avec la dégradation de la situation sécuritaire au nord, contribue à expliquer la débâcle de l'armée malienne dès les premières attaques perpétrées par le groupe armé MNLA (Mouvement national de libération de l'Azawad) aidé d'Ansar Dine début janvier 2012 au nord du Mali.

L'impréparation de l'armée, qui a révélé au grand jour la crise des institutions, a généré des mouvements sociaux et une grogne au sein de l'armée, encore attisés par le massacre de militaires maliens à Aguelhok par les groupes armés début 2013. Cette situation instable a finalement abouti au coup d'État militaire du 22 mars 2012. Ce coup d'État, intervenu deux mois avant la date de l'élection présidentielle, n'a fait qu'affaiblir davantage l'État et qu'accélérer l'occupation du Nord du pays par d'autres groupes armés se réclamant de l'islam radical, ayant supplanté le MNLA : Ansar Dine, le Mujao et Aqmi.

Au mois d'avril 2012, les deux tiers du territoire malien se retrouvent ainsi occupés par des forces armées. Une « ligne de démarcation » sépare pendant de nombreux mois le Nord et le Sud du pays (qui se situe plus ou moins au niveau de la ville de Douentza, ville au croisement des routes partant plus au nord vers Tombouctou et Gao), sans que de nouveaux combats significatifs entre les différentes parties se produisent, si l'on excepte l'éviction du MNLA par ses anciens alliés de certaines villes du Nord.

A Bamako, la crise politique est sévère. Les tensions se font jour entre soutiens au putsch du 22 mars (le MP22 – Mouvement populaire du 22 mars 2012 ; la COPAM – Coalition des organisations patriotiques du Mali) et pourfendeurs du coup d'État (réunis au sein du FDR – Front uni pour la défense de la République et de la démocratie). Les soutiens du putsch se retrouvent principalement parmi la gauche radicale malienne et les partis politiques, syndicats, médias, associations qui la composent. Les opposants sont en grande partie les représentants des partis politiques traditionnels, en particulier ceux ayant accédé à des postes de responsabilité dans les gouvernements précédents. Les conditions du retour à la légalité constitutionnelle, imposé par des pressions diplomatiques extérieures qui aboutissent le 6 avril à un accord cadre entre la Junte et la Cedeao, font débat. Le Président de l'Assemblée nationale Dioncounda Traoré est porté au poste de Président de la République par intérim pour 4 mois selon l'accord cadre. Le 21 mai, il est agressé dans son bureau par des manifestants et va se faire soigner en France d'où il revient fin juillet 2012.

L'année 2012 s'achève dans un climat de grande tension politique et sociale à Bamako : manifestations récurrentes, blocages de routes. Le Premier ministre Cheick Oumar Diarra, accusé de manœuvrer pour préparer son accession à la Présidence, est renversé par l'armée. La nomination le 11 décembre 2012 d'un Premier ministre « de consensus », Django Sissoko, ne suffit pas à apaiser les dissensions.

Les clivages qui agitent la scène politique et citoyenne malienne concernent la légitimité du pouvoir politique en place (suite à la prolongation d'un an des mandats du Président de la République intérimaire et de l'Assemblée nationale), le rapport de force exercé par les militaires putschistes, la possibilité d'organiser des élections au cours du premier semestre 2013, calendrier appuyé fortement par les partenaires internationaux. Sans oublier bien sûr la situation sécuritaire dans le pays, dans le Nord en particulier et le constat de la déliquescence globale du pays et de ses institutions.

Les Concertations nationales annoncées par les autorités maliennes, dont l'organisation est prévue par l'accord cadre, ne font pas pour autant consensus dans leurs modalités et objectifs, certains réclamant un processus souverain pour mettre véritablement à plat les institutions et le mode de gestion du pays. Ce processus accuse en outre de nombreux retards, reports.

C'est dans ce contexte que débute l'année 2013, marquée dès ses premiers jours par l'offensive en direction du Sud des mouvements armés occupant le Nord du pays.

2. Une implication liée à la préservation des intérêts économiques français

A l'occasion de ses vœux à la presse le président de la République a déclaré le 16 janvier : « *(...) la France, elle libère. (...) la France, elle porte des valeurs. Elle n'a aucun intérêt au Mali. Elle ne défend aucun calcul économique ou politique. Elle est au service, simplement, de la paix.* » En occultant l'existence d'intérêts économiques et géostratégiques français au Mali et dans la région, François Hollande a délibérément masqué certaines clés de compréhension de l'intervention française.

LA SÉCURISATION DE L'ACCÈS AUX MATIÈRES PREMIÈRES DU NORD DU MALI

La France a cherché à garder la main sur le Sahara et ses richesses au moment des indépendances. Ayant échoué dans la création de l'OCRS, elle est en revanche parvenue à signer en 1961 des accords de défense[5] avec le Niger (entre autres anciennes colonies) incluant une clause d'approvisionnement préférentiel pour la France sur les matières premières « stratégiques ». C'est ce qui lui a permis d'exploiter depuis 1969 l'une des richesses du Sahara – et pas des moindres – l'uranium du sous-sol nigérien à un prix dérisoire. Information peu connue du grand public, la

5. L'accord de défense a été remplacé par des accords de coopération militaire en 1977.

supposée « indépendance énergétique » de la France et le succès de sa filière nucléaire reposent sur le pillage du Niger, ce qu'une campagne de Survie lancée en 2011 a tenté de démontrer[6].

Contrairement au sous-sol du Nord du Niger, le sous-sol du Nord du Mali était resté quasi inexploité. Mais depuis le début des années 2000 et l'accélération de la course aux matières premières, toute la zone du Sahel est l'objet d'une évidente lutte d'influence entre les grandes puissances, États-Unis et Chine en particulier et le Mali devient une cible pour les investisseurs les puissances plus ou moins grandes, parmi lesquels l'Union européenne dont la politique est ouvertement guidée par la « sécurisation de l'accès aux matières premières ». En effet, les appétits sont vifs envers les ressources potentielles du sous-sol du Nord malien, même si l'« Eldorado » promis par certains est encore peu exploré et pourrait s'avérer moins intéressant que prévu et que les contraintes d'exploitation sont importantes (enclavement de la zone, sécurisation des transports, etc.)[7].

L'exploitation du pétrole du bassin de Taoudeni, à cheval entre l'Algérie, la Mauritanie et le Mali intéresse en particulier le pétrolier français Total, en lien avec Qatar Petroleum : « Présent dans l'exploration-production en Mauritanie depuis 2005, Total explore, aux côtés de ses partenaires Sipex [filiale de l'algérienne Sonatrach] et Qatar Petroleum International,

---

6. Cette campagne s'appuie sur la publication d'un ouvrage coédité par Survie : Raphaël GRANVAUD, *Areva en Afrique*, Coédition Agone-Survie, Dossier noir n° 24, 2012.
7. Benjamin AUGE, «Au Mali, le pétrole est pour le moment un mirage», *Le Monde*, 04 avril 2012.

le bassin de Taoudéni dans les blocs Ta 7 et Ta 8 situés dans le désert mauritanien»[8]. Selon un blog d'actualité financière, la présence de Total ne s'arrête pas là: «En février 2011, la presse algérienne indiquait que le groupe français Total et le groupe énergétique national algérien Sonatrach avaient dans leurs besaces plusieurs projets au Sahel.»[9].

LA SÉCURISATION DES MINES D'AREVA

En parallèle de cet aspect prospectif, la France a plus que jamais besoin de sécuriser la zone pour continuer d'alimenter l'industrie nucléaire civile et militaire hexagonale. En 2012 au Niger, elle a battu son propre record de production d'uranium annuel dans ses deux mines en fonction, malgré les vicissitudes sécuritaires, et elle prépare l'ouverture d'une nouvelle mine à Imouraren qui représente un investissement de plus d'un milliard d'euros.

Or cette mine ne se trouve qu'à quelques heures de piste de la frontière avec le Nord du Mali, et même avec 600 soldats nigériens affectés à la sécurisation du site d'Areva[10], la France ne se sent certainement pas sereine.

C'est sur le site d'Arlit que des employés d'Areva et du groupe Vinci ont été enlevés en septembre 2010.

---

8. «Total renforce son exploration en Mauritanie avec la prise de deux permis», Communiqué de Total, publié le 6 janvier 2012.
9. «Quand le pétrole et le Qatar s'invitent au Mali et au Sahel», *Leblogfinance*, 10 juin 2012.
10. François LONCLE, Henri PLAGNOL, *Rapport d'information sur la situation sécuritaire dans les pays de la zone sahélienne*, Assemblée Nationale, 6 mars 2012.

L'attaque de mouvements armés sur le site gazier algérien d'In Amenas le 16 janvier et les 38 otages qui y ont trouvé la mort n'a fait que renforcer ce besoin de protection. Aussi, par la suite, des forces spéciales françaises ont été affectées à la sécurisation des différents sites miniers d'Areva[11]. Une première, c'est Areva qui est censée payer cette facture. Mieux vaut payer la sécurisation des sites plutôt que pour les otages si l'on en croit la déclaration de l'ex-ambassadrice des États-Unis au Mali, qui déclare que la France aurait déjà versé 17 millions de dollars à Aqmi en vue de la libération de ses otages enlevés en septembre 2010 sur le site d'Arlit[12].

Une chose est claire : les mines d'uranium nigériennes et les ressources potentielles au nord du Mali représentent un enjeu fondamental pour la France et pour ses entreprises.

LES ENTREPRISES FRANÇAISES AU MALI

Par ailleurs, le maintien des relations commerciales avec le Mali ne peut être considéré comme un enjeu totalement négligeable pour la France. D'après l'Ambassade de France au Mali[13], le pays figurait en 2011 comme un partenaire commercial « moyen » de la France, mais avec la particularité de figurer au 30e rang pour les excédents commerciaux. En 2011,

11. « Des réservistes des forces spéciales déployées sur les sites d'Areva au Niger », *Le Monde*, 1er février 2013.
12. Selon un entretien entre l'ambassadrice à Itélé, du vendredi 8 février 2013, rapporté par exemple par *L'Express* du Même jour.
13. http://www.ambafrance-ml.org/Cooperation-economique,316

avant le déclenchement de la crise, les échanges avaient progressé de 9% et l'excédent confortable enregistré par la France, atteignait 298 millions d'euros (pour des échanges s'élevant à 314 millions d'euros), contre 276 millions d'euros en 2010, soit le 3e excédent enregistré parmi les pays de l'UEMOA, derrière le Sénégal et le Bénin.

Ce montant est évidemment à comparer avec le volume de l'aide publique française distribuée à ce pays, inférieure à 60 millions d'euros annuels et aux promesses de la France de mobiliser 150 millions d'euros pour financer les priorités de la reconstruction du pays (somme qui intègre des crédits qui avaient été gelés après le coup d'État).

Si le pays s'enferme dans le marasme économique, particulièrement perceptible dans les secteurs bancaires, les services marchands, le transport ou la construction, nul doute que les grandes entreprises françaises et leurs filiales, bien positionnées dans le pays et dans les pays voisins, auront à en pâtir longtemps. En 2011, on recensait près de 125 filiales et sociétés à capitaux français (participations minoritaires incluses) au Mali, employant 4.000 salariés, et une soixantaine d'investissements privés réalisés par des ressortissants français ou binationaux installés au Mali. Les principales entreprises françaises intervenant en Afrique y sont présentes: BNP-Paribas, Groupe Bolloré, Air France, Orange, Castel, Bouygues, etc.

Encore qu'un contexte de crise peut être lui même propice au développement de certaines affaires. Le 17 janvier 2013, le président délégué du Conseil des Investisseurs en Afrique Noire déclarait sur France Culture que « [...] dans une situation trouble, ça ne veut pas dire que toutes les activités s'arrêtent. Pas du tout. Il peut y avoir des activités de service, je pense ici aux entreprises de téléphonie mobile et tous les jours on voit à la télévision des gens qui appellent leurs parents au Mali». Quelques jours plus tard, le lancement par Orange Mali d'un programme de transferts bancaires internationaux était annoncé par la presse économique. Filiale de France Telecom, Orange Mali est une des plus grosses entreprises de service du pays.

Au lendemain du début de l'intervention, il s'agit pour le monde des affaires français de se positionner sur les marchés à venir (dont le business de la reconstruction), Ce sentiment d'urgence s'exprime au grand jour, à travers le journal économique *Les Echos*: «Quelles qu'elles soient, [les entreprises] doivent se presser pendant que les Chinois construisent des routes à péages, les Libanais installent des supermarchés et les Qataris ou les Saoudiens bâtissent de grands hôtels.»[14] Il n'y a donc pas de temps à perdre. La «concurrence» avec la Chine, argument massue déployé pour défendre les intérêts et méthodes d'action de la France en Afrique s'avérera à n'en pas douter bien commode pour justifier la future diplomatie économique de la France en direction du Mali. D'autant que si les voix chinoises se sont faites discrètes depuis le début de la crise, ce repositionnement français n'a pas échappé aux analystes de ce pays. Le 18 janvier, He Wenping, directrice des Etudes africaines à l'Académie chinoise des sciences sociales (CASS), publiait ainsi dans le quotidien chinois Global Times un article intitulé «Il

---

14. Sabine DELANGLADE, «Pourquoi il faut croire en l'Afrique», *Les Echos*, 17 janvier 2013.

faut se méfier de la légitimation du nouvel interventionnisme, en Afrique».

Parmi les enjeux économiques sous-jacents pour la France figure bien entendu la vente de matériels de pointe utilisés dans le cadre de l'Opération Serval. Cet aspect sera développé plus loin.

3. Les responsabilités de la France dans l'instabilité du Nord du Mali

L'intérêt de la France pour la zone saharienne, lié aux richesses de cet espace, l'a poussé depuis la période coloniale à considérer de façon spécifique les populations qui y habitaient et à soutenir certains projets contre l'État malien. La relation des autorités françaises vis-à-vis de la rébellion du MNLA et le regard que nombre de médias ont posé dessus ont révélé une ambiguïté de positionnement voire une complicité des décideurs et relais d'opinion à l'égard de ce mouvement, qui tire ses racines dans ce passé troublé. L'intervention militaire en Libye a apporté un élément d'instabilité supplémentaire pour le Nord du Mali, également fragilisé par le rôle ambigu de l'Algérie à l'égard des rébellions touareg mais également d'Aqmi.

LA FRANCE COLONIALE : DE LA CONCEPTION D'UN TERRITOIRE TOUAREG À L'OCRS

C'est dans le but de garder la mainmise sur les ressources énergétiques et minières du Sahara que la France avait créé en 1957 une entité territoriale spécifique, l'Organisation Commune des Régions Sahariennes (OCRS), qui s'étendait du Sud de l'Algérie au Tchad en passant par le Niger et le Soudan français (Mali), et qui avorta rapidement avec les indépendances. Ce projet reposait sur l'idéologie coloniale développée par l'explorateur et géographe Charles de Foucauld, qui faisait du Sahara « un territoire touareg »[15]. En effet, afin de légitimer son projet et de rallier des populations nomades peu désireuses de s'inscrire dans un cadre national en construction, le colonisateur avait mis en avant la « promotion sociale des populations locales » et suscité ou attisé des velléités indépendantistes : « Max Lejeune, délégué général de l'OCRS, a envisagé la création d'un corps d'administrateurs sahariens et l'organisation d'un référendum pour amener 'les populations blanches des zones sahariennes' à se décider pour être rattachées à l'OCRS »[16]. Des officiers sur place ont largement soutenu ce projet et ont pu jouer un rôle dans le lancement de pétitions appelant à la « séparation entre les espaces soudanais et sahariens » adressées à la France entre 1957 et 1960.

Disparu avec les indépendances, ce projet n'est pas enterré pour certains militaires ou autres émissaires français, et a marqué les esprits au Mali.

LA FRANCE DÉPASSÉE PAR LES RÉBELLIONS TOUAREG DES ANNÉES 1960, 1990 ET 2000

Depuis la décolonisation, on peut distinguer trois épisodes distincts des rébellions dites « touareg », où la place de la France n'a pas forcément été centrale.

---

15. André BOURGEOT, « Sahara, espace géostratégique et enjeux politiques », *Autrepart*, n°16, Editions de l'Aube - IRD, 2000.
16. Mamoudou DJIBO, « Rébellion touarègue et question saharienne au Niger », *Autrepart*, n°23, Editions de l'Aube - IRD, 2002, p 135-157.

Le premier épisode se passe dans les années 1960, au lendemain de l'indépendance malienne, le second dans les années 1990 s'est conclu par l'adoption du «Pacte national» en 1992. Depuis, le Mali a été confronté régulièrement à la résurgence de groupes armés à l'ampleur plus limitée, notamment en 2006, avant l'offensive du MNLA en janvier 2012. Sous un terme commun, ces rébellions dont se revendique le MNLA, renvoient à des contextes et revendications différentes.

La rébellion menée en 1963-1964 ne concerne «qu'une partie des Touareg maliens, ceux de l'Adagh»[17] et, même, seulement une partie de ces derniers, et constitue une réaction à l'État central vécu comme un oppresseur. Elle fut réprimée très violemment par l'État malien. Alors que la guerre d'Algérie venait de prendre fin, «certains administrateurs et officiers français toujours présents à Reggane dans les concessions faites à la France par les accords d'Evian pour entreprendre ses essais nucléaires tentèrent bien de fournir quelques fusils aux rebelles, mais il ne s'agissait là que d'actions individuelles»[18].

Les rébellions touarègues des années 1990 au Mali et au Niger avaient une assise bien plus large. «Ces rébellions, loin d'être sécessionnistes, eurent ainsi de façon surprenante des revendications intégrationnistes fortes. Il s'agissait non pas de se couper des États contre lesquels on se levait, mais bien au contraire de les contraindre à considérer les nomades comme

---

17. Pierre BOILLEY, *Les Touaregs Kel Adagh*, Karthala, 2012. op. cit., p 334.
18. Pierre BOILLEY, «Géopolitique africaine et rébellions touarègues. Approches locales, approches globales (1960-2011)», *L'Année du Maghreb*, VII, CNRS Editions, 2011, p. 151-162.

des citoyens à part entière, susceptibles d'intégrer les corps en uniforme sans discriminations, de profiter au même titre que les ressortissants des autres régions de l'éducation et des projets de développement, d'être enfin représentés comme les autres dans les instances et organes politiques. »[19].

La France adopta une posture différente entre le Mali et le Niger – où elle avait un enjeu hautement stratégique : son uranium. Au Mali, « elle se contenta de condamner la répression militaire et tenta sans beaucoup de succès de faire pression sur Moussa Traoré. Tolérée par l'Algérie, elle fut présente comme médiatrice dans les négociations qui aboutirent à la signature du Pacte national en 1991 ». Au Niger, en revanche, les services secrets français ont été partie prenante de la rébellion puis largement présents dans les négociations : ils ont apporté un appui logistique à Mano Dayak, le chef rebelle par excellence pour des politiques, des média et une opinion publique française, empreints d'une vision folklorique des « autochtones »[20].

Cette vision superficielle supplanta chez les observateurs et l'opinion française toute analyse des enjeux géostratégiques, économiques, de maîtrise de territoires, qui sont pourtant autant de facteurs importants concernant les rébellions des années quatre-vingt dix.

Par la suite, et surtout depuis le milieu des années 2000, des mouvements armés sporadiques ont repris les armes, à l'instar de la rébellion de 2006 dirigée par Hassan Fagaga et Ibrahim ag Bahanga, sur un socle

19. Pierre BOILLEY, *op. cit.*
20. Pour tout ce paragraphe, voir Pierre BOILLEY, *op. cit.*

de revendications moins audible et surtout, dans un contexte plus complexe avec l'internationalisation des acteurs sur place (Aqmi) et la montée des trafics en tous genre au Sahel.

Plus on pousse l'analyse, plus ces rébellions sporadiques apparaissent avant tout comme des règlements de compte et des luttes pour le contrôle d'espaces du Sahara malien, espace de plus en plus stratégique, lieu de tous les trafics : de migrants, de contrebande de biens licites et illicites, de drogue acheminée depuis l'Amérique du Sud via le Sahara pour remonter vers l'Algérie et l'Europe ou vers le Moyen-Orient via la Libye.

LES ACCORDS DE PAIX DE 2006

En juillet 2006, le gouvernement malien et les rebelles touaregs ont signé à Alger de nouveaux accords de paix. Selon ces accords, reprenant largement le contenu du Pacte national de 1992, signé suite aux rébellions des années 1990, les Touareg doivent déposer les armes en échange de quoi Bamako retire l'armée régulière des zones non urbaines du Nord et y met en place des « unités spéciales de sécurité, composées essentiellement d'éléments issus des régions nomades » (extrait de l'accord) et rattachées à la garde nationale (et non à l'armée). Bamako s'engage aussi à accélérer le développement du Nord.

Ces accords ont été vivement contestés au Mali, dans la mesure où ils entérinaient le retrait de l'armée nationale d'une grande partie du Nord. Ces accords de 2006 pourraient avoir contribué à la sanctuarisation du Nord du Mali en laissant le champ libre à la présence et aux trafics d'Aqmi et d'autres groupes armés. Sous pression internationale à la suite de ces accords, ATT a dû annoncer en 2009 la création du Programme spécial pour la paix, la sécurité et le développement dans le Nord du Mali (PSPSDN), financé par les bailleurs, France et Union européenne (UE) en tête, un programme largement critiqué pour son absence de résultats.

LES RÉPERCUSSIONS DE LA GUERRE EN LIBYE

En mars 2011, la France lançait en Libye, sous les couleurs de l'OTAN, l'opération militaire Harmattan pour soutenir et armer les mouvements rebelles du Conseil National de Transition. Toute au soutien des Libyens insurgés, mais surtout à la promotion de ses propres intérêts, la France a refusé d'envisager les conséquences collatérales d'une telle intervention en termes de déstabilisation de la région. Malgré les mises en garde inquiètes et nombreuses de la plupart des chefs d'État de la région et de l'Union Africaine, aucune mesure n'a été prise par l'OTAN pour anticiper et réduire les effets secondaires de la guerre.

La dissémination des armes de Muammar Kadhafi et de celles livrées aux rebelles libyens par les pays occidentaux a bénéficié, entre autres, aux groupes armés touareg mais aussi à ceux se réclamant d'un islam radical[21]. La chute de Kadhafi a aussi provoqué le départ vers leurs pays d'origine de mercenaires

---

21. International Crisis Group, *Mali : éviter l'escalade,* 18 juillet 2012, Rapport Afrique n°189, p. 10.

et militaires d'origine malienne qui étaient intégrés dans l'armée libyenne, avec armes et bagages. « Les services de renseignements présents sur place ont pu constater une augmentation du nombre de pick-up et de camions chargés d'armement partant de Libye à destination des pays voisins et au-delà »[22]. Les groupes surarmés revenus au Mali[23] en passant sans encombre par l'Algérie ou le Niger n'ont pas été inquiétés par les autorités de l'État malien. Les armes n'ont pas été saisies et le pouvoir local n'a pas semblé s'inquiéter outre mesure de l'impact de ces groupes armés sur la stabilité de la zone.

Parmi ces groupes, il y avait des Touareg formés et enrôlés dans l'armée libyenne, qui sont revenus de Libye à partir de mai 2011. Quelques mois plus tôt, en octobre 2010, des étudiants et diplômés avaient fondé un nouveau mouvement nationaliste, le Mouvement national de l'Azawad (MNA), et le mouvement rebelle dirigé par Ibrahim Ag Bahanga, un des leaders historiques des rébellions était encore opérant au nord du Mali depuis 2007. Ce dernier a alors coalisé ces différents groupes, qui se sont rassemblés au sein du Mouvement National pour la Libération de l'Azawad (MNLA) fin 2011. Iyad Ag Ghali, le dirigeant des mouvements rebelles des années 1990 a échoué à prendre la tête de ce nouveau mouvement et a alors décidé de créer Ansar Dine, un nouveau mouvement, que des combattants d'Aqmi dirigés par un de ses parents Abdelkarim le Targui ont rejoint.

---

22. François LONCLE, Henri PLAGNOL, *op. cit.*
23. Entre 1000 et 4000 combattants sont revenus au Mali et au Niger selon François LONCLE, Henri PLAGNOL, op. cit., p. 23.

La revendication autonomiste du MNLA est à analyser en lien avec les rébellions précédentes au nord du Mali (1963, 1990-1994, 2006, 2007-2009) mais surtout dans le cadre d'un contexte local de plus en plus complexe, internationalisé et marqué par les différents trafics qui maillent l'Afrique de l'Ouest et du Nord. Se meuvent en effet dans ces espaces des groupes armés de diverses natures, impliqués dans divers trafics de contrebande, de drogue, en complicité ou en rivalité selon les enjeux et les territoires et parfois en complicité avec le plus haut sommet de l'État (groupes dits terroristes tels qu'Aqmi, groupes plus ou moins sporadiques de qualifiant de rébellions, quelques militaires réguliers – autour desquels gravitent parfois des groupes armés non réguliers, etc.).

Et ces enjeux et acteurs dépassent le simple cadre malien. A travers leur implication militaire ou économique, ils concernent en particulier l'Algérie, le Burkina Faso, la Libye, le Maroc, la Mauritanie, le Niger, le Sahara occidental, le Tchad, mais aussi, l'Arabie saoudite, l'Australie, le Canada, la Chine, les États-Unis, la France, le Qatar – pour ne citer que ces pays. Autant d'acteurs et d'enjeux en cours de recomposition très large du fait de la chute de Khadafi.

En regard de cela, on ne peut que se questionner sur le niveau d'information des autorités françaises, qui semble assez faible, sur la situation au Sahara. En mars 2012, déjà deux mois après le début du conflit au Mali, un *Rapport d'information sur la situation sécuritaire dans les pays de la zone sahélienne*[24] est rendu à l'Assemblée nationale. Il retrace l'historique et l'état

---

24. François LONCLE, Henri PLAGNOL, *op. cit.*

des lieux des rébellions, de la présence de groupes armés tels Aqmi, de la présence militaire française au Sahel, et évoque également les divers trafics en cours, mais approfondit peu les reconfigurations en cours dans la zone, les éléments de compréhension et d'explication de la genèse des rébellions, ou encore l'impact réel des mesures prises par Bamako pour le développement du Nord du Mali, conformément au Pacte national des années 1990.

En déclenchant la guerre en Libye, Nicolas Sarkozy a joué conjoncturellement un rôle dans la recomposition de ces mouvements. Puis, dès la création du MNLA, les autorités françaises ont adopté une posture équivoque vis-à-vis de ce groupe. Elles lui ont prêté une oreille attentive, notamment dans l'idée qu'il puisse être un allié dans la lutte contre Aqmi[25]. (voir Chapitre 15)

LE RÔLE TROUBLE DE L'ALGÉRIE VIS-À-VIS D'AQMI ET DES REBELLES TOUAREG

Les relations complexes entre la France et l'Algérie constituent un enjeu important du conflit au nord du Mali. En effet, depuis son indépendance, Alger a des ambitions sur ses pays voisins et considère ses pays limitrophes au sud comme son arrière-cour. Elle s'y heurte aux intérêts de la Françafrique.

Depuis l'été 2012 alors que l'Algérie bloquait toute solution non-politique et non-issue de négociations, la France fourbissait ses armes diplomatiques et militaires

25. International Crisis Group, *op. cit.*, p. 12.

pour intervenir militairement. Pour ajuster les positions, il fallut attendre la visite de François Hollande à Alger les 19 et 20 décembre 2012, précédée par quatre visites de ministres français. Lors de la visite présidentielle, outre les questions économiques et historiques concernant la guerre d'indépendance algérienne, le Nord du Mali et le ralliement de l'Algérie au scénario de l'intervention armée figurèrent sans doute au cœur des discussions. C'est probablement lors de cette rencontre que furent accordées l'autorisation de survol de l'espace aérien algérien pour les avions de combat français et la garantie de l'Algérie de fermer sa frontière avec le Mali en cas d'intervention[26].

Pour pénétrer le Sahel, les autorités algériennes soutiennent les résistants sahraouis du Front Polisario depuis 1975 et l'occupation par le Maroc de l'ex-Sahara espagnol (aujourd'hui appelé Sahara occidental). Elles œuvrent également de différentes manières pour s'allier la Mauritanie. Au Mali, elles se sont imposées officiellement dans les médiations avec les rébellions touarègues, en concurrence pour la prééminence régionale avec la Libye de Khadafi. Elles se posent également comme l'acteur incontournable pour la gestion du terrorisme.

Les maîtres de l'Algérie s'inquiètent également du nationalisme touareg, craignant que la population touarègue vivant au sud de l'Algérie et les populations berbères au nord, qui figurent déjà parmi les principaux opposants au régime, s'inspirent de leurs voisins.

---

26. Dans la loi algérienne, le délai d'instruction d'une demande de survol du territoire par un avion de combat est de 21 jours avant la date d'exécution du vol.

Le pétrole malien revêt une importance croissante pour Alger. Alors qu'en Algérie, la Sonatrach, la société pétrolière d'État, assure 97% des revenus de l'État, sa filiale au Mali a obtenu le plus vaste territoire d'exploration. De plus, les clans au sommet du pouvoir algérien sont étroitement impliqués dans les trafics qui traversent le Nord du Mali : contrebande, véhicules, carburants, armes, drogues…

Le terrorisme islamiste apparaît au Sahara en 2003 quand le GSPC algérien (Groupe Salafiste pour la Prédication et le Combat) enlève trente-deux touristes européens dans le Sahara algérien puis les regroupe au nord du Mali. Ce groupe est un descendant du GIA, Groupe islamique armé, qui combattit le régime algérien dans les années 1990. En 1999, alors que le régime sortait vainqueur de la guerre civile et que les islamistes repentis étaient amnistiés, ceux qui décidèrent de continuer la lutte armée créèrent en 1999 le GSPC. Ce dernier commença à investir le sud désertique de l'Algérie et le Nord du Mali en 2003, grâce à une coopération – sorte de « joint venture », fondé sur un intérêt économique partagé – avec des groupes nomades vivant de trafics divers et de la contrebande saharienne, et avec la complaisance des autorités algériennes.

Fort de son expérience de lutte contre l'islamisme armé depuis le début des années 1990 sur son propre territoire, le pouvoir algérien peut s'afficher comme incontournable dans la région sur cette question. Il s'allie alors avec les États-Unis en pleine période post-2011 de « lutte globale contre le terrorisme » et s'arroge ainsi une véritable rente sécuritaire (armements et financements) auprès des Occidentaux, après une longue période d'isolement pendant la guerre civile.

En 2007, l'affiliation du GSPC à Al Qaida et sa transformation en Aqmi (Al Qaeda au Maghreb Islamique) donne clairement une dimension internationale à ces islamistes algériens et procure une place toujours plus « stratégique » à l'Algérie dans le dispositif international de lutte contre le terrorisme.

Au nord du Mali, beaucoup jugent très opaque et trouble le jeu de l'Algérie avec les nouveaux groupes armés se réclamant de l'islam radical venus de ce pays. Des analystes pointent le DRS (Département Renseignement Sécurité, ancienne Sécurité Militaire), détenteur de la réalité du pouvoir algérien, comme manipulateur du terrorisme islamiste, sur le même mode que pendant la décennie sanglante des années 1990. Dans cette optique, grâce aux rançons, le DRS, via le GSPC-Aqmi se serait acheté, depuis 2003, des complicités au nord du Mali et des obligés parmi les notables qui jouent le rôle d'intermédiaires dans la libération des otages.

Ces dernières années cette position ambiguë voire complice d'Alger a permis à Bamako de prétendre n'avoir pas les moyens d'agir et de rejeter la responsabilité de la présence d'Aqmi sur son territoire sur l'Algérie, pour justifier son absence de politique antiterroriste (mais l'Algérie lui a renvoyé la balle vu la posture tout aussi trouble de Bamako). Il faut dire que la démarche de coordination internationale de la « lutte contre le terrorisme » dans la zone, sous pression internationale, suite à l'amplification des prises d'otages, a fait face à de vives réticences d'Alger, avant que Tamanrasset, dans le sud algérien ne devienne en 2010 le siège du Comité d'État-Major Opérationnel Conjoint (CEMOC) des pays de la zone pour lutter contre le terrorisme, qui s'est avéré totalement inopérant au vu de la crise sécuritaire qui a suivi.

Par ailleurs, depuis 1990, le pouvoir algérien ne cesse de s'impliquer dans la « question touareg » au nord du Mali. Dès 1990, l'Algérie s'impose dans la médiation entre les rebelles. Parallèlement, elle offre des facilités d'accès à son territoire aux rebelles, leur permet de s'approvisionner en armes, en carburant et en véhicules et accueille même la base d'un des mouvements rebelles. C'est à cette période que les services spéciaux algériens découvrent Iyad Ag Ghali, leader d'un des mouvements rebelles, qui s'avère prompt à négocier.

Celui-ci se met alors à coopérer avec le gouvernement malien. Depuis 2003, il est à plusieurs reprises négociateur dans le versement de rançons pour les otages du GSPC puis d'Aqmi. En 2006, les Algériens soutiennent activement le nouveau mouvement rebelle qu'il dirige ce qui leur permet de noyauter les autres.

En décembre 2011, Iyad Ag Ghali essaie, sans succès, de s'emparer de la direction du nouveau mouvement nationaliste du Nord malien, le MNLA. Puis, après un autre échec pour obtenir la chefferie de sa confédération tribale, il fonde le mouvement, Ansar Dine, toujours appuyé par l'Algérie. En effet, cette dernière est inquiète de la constitution du MNLA, puis du risque que le Nord du pays ne tombe entre leurs mains, d'autant que les indépendantistes sont soupçonnés de bénéficier des sympathies de la France, la grande rivale.

Pour ne pas laisser le MNLA faire cavalier seul, Ansar Dine émerge donc comme nouveau mouvement rebelle, mais voulant instaurer un islam radical et non-indépendantiste. Des hommes d'Aqmi, dirigés par un parent d'Ag Ghali, Abdelkrim le Targui, rejoignent Ansar Dine et combattent à ses côtés lors de leur première apparition pour la prise de la ville d'Aguelhok.

Grâce à ses alliances avec Aqmi et des milices tribales impliquées dans le trafic de drogue, Ansar Dine bénéficie de financements considérables. Peut-être Iyad Ag Ghali draine-t-il aussi de l'argent d'Arabie saoudite où il avait exercé des fonctions au consulat de Djeddah en 2007, y fréquentant alors la mouvance djihadiste locale. Des groupes et des membres de tribus hostiles au MNLA, ainsi que des membres éminents de ce dernier, se rallient. Au plan diplomatique, l'Algérie parraine Ansar Dine, affirmant que ce mouvement est incontournable dans toute solution à la crise au nord du Mali, et bloque toute intervention militaire dans cette zone.

L'Algérie, via ses *proxy*, a ainsi pu tenir en échec le MNLA, soutenu par la France. Mais l'intervention militaire française bouleverse à nouveau la donne, redonnant la main à la France.

4. La « lutte contre le terrorisme » à géométrie variable

Les termes de « salafistes », « djihadistes », « terroristes » sont les vocables qui ont le plus souvent désigné les membres d'Aqmi, du Mujao et d'Ansar Dine avant le début de l'intervention militaire française. Ces derniers ont largement contribué largement à se forger cette image en mettant en scène leur supposée « application de la charia » (destructions de mausolées, amputations, lapidations), et en diffusant de multiples menaces sur l'Occident, relayées par les médias du monde entier.

Le 10 janvier 2013, la France décide d'intervenir militairement et désigne l'ennemi en le qualifiant de « terroriste ». Celui-ci peut alors être « anéanti » sans crainte de voir l'opinion publique s'opposer aux buts et motivations de cette guerre. Pour autant, des questions se posent sur le risque d'instrumentalisation du concept de lutte contre le terrorisme, du fait notamment des antécédents dans la zone, en Algérie en particulier, et du rôle obscur joué par un supposé « allié » de la France, le Qatar.

UNE GUERRE AU NOM DE LA LUTTE CONTRE LE « TERRORISME »

Au déclenchement de l'intervention, le discours du gouvernement français pour la justifier se fonde sur la lutte contre le terrorisme, présentée comme « menace qui pèse sur l'Europe et sur la France », « une menace directe pour la paix et la sécurité internationale»[27]. Dans les interventions publiques de François Hollande, Jean-Marc Ayrault et Jean-Yves Le Drian, la lutte contre le terrorisme est systématiquement présentée comme l'un des objectifs principaux – si ce n'est le plus important – de l'Opération Serval. Dans le discours de Jean-Marc Ayrault devant l'Assemblée nationale le 16 janvier, on ne relève pas moins de 14 occurrences des mots «terrorisme» ou «terroristes».

Le propos du gouvernement est extrêmement simplificateur: il s'agit de mener une «lutte implacable contre les groupes terroristes»[28], en occultant les autres risques et menaces pesant sur la zone (pauvreté endémique, trafics, etc.).

Les termes utilisés pour désigner ces groupes[29], en particulier celui de «terroriste» s'avèrent particulièrement difficiles à définir et éclipsent la composition complexe des différents groupes, la nature peu lisible de leur stratégie. L'utilisation du mot «terroriste» élude par exemple le fait que des «rebelles touareg» ont rejoint les rangs des «terroristes» – en particulier dans le cas d'Ansar Dine, que nombre de recrutés de ces groupes sont des jeunes désœuvrés, parfois mineurs, davantage motivés par les salaires proposés que par l'idéologie défendue, ou encore que le groupe armé du MNLA a aussi utilisé la terreur à des fins politiques[30].

---

27. Intervention de M. Jean-Marc Ayrault devant l'Assemblée nationale, 16 janvier 2013.
28. Conférence de presse de M. Jean-Yves Le Drian, 15 janvier 2013.
29. La rédaction du présent ouvrage n'a pas échappé à cette difficulté sémantique. La dénomination «groupes armés se réclamant d'un islam radical» a été privilégiée par la plupart des contributeurs. Le terme «djihadiste armé» est parfois utilisé. Celui de «terroriste» a été exclu, à l'exception des citations.
30. A l'exemple du massacre commis dans la ville d'Aguelhok, attribué par certaines sources au MNLA et à Ansar Dine.

Ce vocabulaire permet également de minorer certains enjeux économiques motivant ces mouvements, sur fond de trafics dans la zone sahélienne[31]. Peu d'informations sont parvenues au grand public sur les différents soutiens dont certains groupes sont soupçonnés de bénéficier, de la part du Qatar, de l'Algérie ou même du Burkina Faso[32], pays « amis de la France ».

Dès les premiers jours de l'intervention, d'autres éléments sont venus renforcer cette argumentation aux yeux de la communauté internationale mais surtout des forces politiques et de l'opinion publique française, en établissant un lien direct entre l'intervention militaire au Mali et la sécurité nationale : le nombre conséquent de ressortissants français résidant à Bamako, la présence de plusieurs otages français (quatre salariés d'Areva et Vinci, et deux mystérieux « géologues » au passé trouble enlevés fin 2011 – dont l'un était annoncé comme mort en mars 2013[33]) et la volonté (légitime) de les libérer, la prise d'otages à l'issue tragique perpétrée du 16 au 19 janvier 2013 en Algérie, ou encore les supposées menaces pesant sur le sol français entraînant le renforcement du plan Vigipirate dès le samedi 12 janvier 2013.

Cela a permis au Premier ministre français de mettre en garde contre « la constitution d'un sanctuaire terroriste à près de 2.500 km du territoire national »[34].

---

31. Dans de rares interventions publiques l'expression « narco-djihadiste », a été utilisée pour évoquer cette réalité, en particulier par le Président malien dans sa lettre du 9 janvier 2013 de demande de soutien à la France.
32. Cf. Chapitre 6, La « médiation » de Blaise Compaoré.
33. Les raisons exactes de leur présence au Mali nécessiteraient d'ailleurs bien des éclaircissements de la part des autorités françaises.
34. Intervention de M. Jean-Marc Ayrault devant l'Assemblée nationale, 16 janvier 2013.

François Hollande affirmait quant à lui devant les ambassadeurs en août 2012 que les groupes armés au Mali constituaient un défi pour la France: «au nord du Mali s'est constituée une entité terroriste assumée et revendiquée comme telle, qui lance un défi à nos intérêts, à nos valeurs, à notre population. Ce défi, nous y répondons.»[35]

Cette argumentation au nom de la lutte contre le terrorisme a été en effet développée par le gouvernement français lorsqu'il s'agissait de convaincre les institutions internationales, européennes et africaines du bien-fondé d'une intervention militaire au Mali, avec soutien de la France: dans son discours à l'ONU le 26 septembre 2012, François Hollande parlait d'un «risque pour l'ensemble de la communauté internationale»[36]. La lutte contre le terrorisme est également un des objectifs de la Stratégie de l'UE sur le développement et la sécurité au Sahel, publiée en 2011.

Toute cette rhétorique rappelle de façon inquiétante celle de George W. Bush sur la guerre préventive; la guerre a été présentée comme un préalable à la résolution de la crise politique et à toute perspective à moyen terme concernant le Nord du pays. Elle a permis de susciter une large adhésion à l'action militaire de la France dans l'opinion publique, d'éviter de définir les buts de guerre et d'évoquer des solutions politiques à la crise, et de prévenir toute critique ainsi que tout questionnement sur les autres motivations de l'intervention militaire développées dans cet ouvrage.

35. Intervention de M. François Hollande à la XXe conférence des ambassadeurs, 27 août 2012.

36. Intervention de M. François Hollande à l'Evénement de haut niveau sur le Sahel, 26 septembre 2012.

DES « PRÉCAUTIONS » POUR QUALIFIER LA GUERRE ET L'ENNEMI

Pour parler de cette guerre, il faut (...) utiliser les mots appropriés et compatibles avec les buts de guerre. Il s'agit déjà d'éviter certains termes pour dire d'abord ce que cette guerre n'est pas. Ce n'est pas une guerre néo-coloniale, et ce n'est pas une guerre des civilisations ; ce n'est d'ailleurs pas une « guerre » tout court.

(...) Les diplomates français et l'Élysée préfèreront dire que c'est une guerre « contre des groupes terroristes ». Nuance ! C'est un petit détail qui a son importance parce que « guerre contre le terrorisme » donne un statut d'ennemi au terrorisme comme si c'était une organisation en elle-même, une entité. Le terrorisme en tant que tel pourrait devenir une patrie imaginaire que certains voudraient rallier. Ça renvoie à la guerre des civilisations qu'inspirait le discours de George Bush. La « guerre contre le terrorisme » c'est une croisade alors que la lutte, ou la guerre contre « des groupes terroristes », ce sont des opérations ponctuelles contre une forme de grand-banditisme sur fond de fanatisme. Tout est dans la façon de qualifier l'ennemi.

Extrait de la chronique
« *Les mots pour le dire* » de Thomas LEGRAND
sur France Inter (18 janvier 2013)[37]

---

37. Edito de l'émission Les mots pour le dire du 18 janvier 2013.

L'ÉCHEC D'ANNÉES DE LUTTE CONTRE LE TERRORISME

En outre, ce discours élude le bilan de la politique menée par la France vis-à-vis d'Aqmi et face aux prises d'otages dans les dernières années. Alors que cette politique est largement critiquable et critiquée, y compris dans un rapport de l'Assemblée Nationale[38].

Le paiement de rançons pour la libération des otages français dans la dernière décennie est décrié dans le rapport et au sein de la communauté internationale car la France a ainsi fourni des subsides conséquents à Aqmi. Rien que pour tenter de libérer 4 otages encore détenus par Aqmi, les montants annoncés par l'ex-ambassadrice des États-Unis au Mali sont colossaux (17 millions d'euros). Pourtant, officiellement, la France ne paie pas de rançons, méthode qui est proscrite par la Convention des Nations Unies contre les prises d'otages de 1979. En 2010, pour obtenir la libération de Pierre Camatte, détenu par Aqmi au nord du Mali, la France n'avait pas hésité à faire pression sur Bamako pour que le Mali libère quatre membres d'Aqmi, conformément aux demandes du groupe.

Mais plus largement, c'est la politique de lutte contre le terrorisme imposée par les occidentaux aux pays de la région qui a été un échec et a provoqué un certain ressentiment. Au lendemain du 11 septembre 2011, les États de la région, Mali en tête, ont adopté des lois antiterroristes draconiennes et signé de nouveaux accords de coopération militaire avec les États-Unis et les pays européens donnant lieu notamment

38. François LONCLE, Henri PLAGNOL, *op. cit.*

à la mise sur pied de l'Initiative Pan Sahel puis de la « Trans Saharian Counterrorism Initiative. »

Malgré l'investissement, les programmes de formation délivrés par les États-Unis ou la France n'ont guère porté leurs fruits : « Selon les calculs du *New York Times*, le Pentagone a dépensé '*entre 520 et 600 millions de dollars depuis 4 ans*' (...) du Maroc au Nigeria. Mais c'est au Mali où les Américains ont concentré le plus de ressources. En vain. (...) Non seulement les autorités maliennes ont perdu le contrôle du nord de leur territoire au profit des groupes islamistes, mais les unités entraînées par les Américains ont été les premières à faire défection »[39]. La coordination entre les politiques sécuritaires des différents pays de la zone, soutenue par les occidentaux, n'a jamais été effective non plus (Chapitre 3).

C'est toute la logique militaire et proactive de la lutte contre le terrorisme qui est à questionner. En 2010, Jean-François Bayart mettait en garde : « En dramatisant le danger de la lutte armée islamiste dans le Sahel, pour le moment très circonscrite, Américains et Français prennent le risque de cimenter la relation marchande et l'alliance conjoncturelle entre les groupes algériens qu'Al-Qaida a « franchisés » et les Touarègues, sous la bannière d'une idéologie commune. En combattant l'islamisme du haut de leur arrogance (...), ils donnent aussi à celui-ci des lettres de noblesse anti-impérialistes »[40]. Cela était pointé bien avant par l'ONU qui promouvait dès 2006

39. « *Ratage-antiterrorisme : l'échec cuisant des États-Unis au Mali* », *Le Monde*, 14 janvier 2013.

40. Jean-François BAYART, « Le piège de la lutte anti-terroriste en Afrique de l'Ouest », *Mediapart*, 28 juillet 2010.

un changement de perspective à travers l'adoption en 2006 de la Stratégie antiterroriste mondiale de l'ONU qui « a marqué une prise de distance envers le style 'dur' de réponse militaire au terrorisme, en faveur d'une approche plus nuancée qui combine les questions de sécurité avec celles du développement et avec la promotion des Droits de l'Homme »[41]. Tout le contraire, donc de ce qui a été fait et ce qui est en train d'être fait au Mali.

LES SOUTIENS FINANCIERS PROBABLES AU GROUPES ARMÉS PAR L'ARABIE SAOUDITE ET LE QATAR

Depuis plusieurs mois, l'origine du financement des groupes armés se réclamant de l'islam radical pose question. Le problème n'est pas nouveau : *Le Canard enchaîné* a fait état dans plusieurs articles en 2012 du soutien qatarien aux groupes armés : « selon les renseignements recueillis par la DRM, les insurgés touareg du MNLA, les mouvements Ansar Dine, Aqmi, et Mujao ont reçu une aide en dollars du Qatar »[42] ; on aurait pu s'attendre à ce que François Hollande, qui a reçu à plusieurs reprises en juillet puis en août 2012 des représentants du gouvernement qatarien évoque cette question avec eux – il a certainement jugé cette question trop épineuse. Car les relations sont au beau fixe avec l'investisseur qatarien, devenu en octobre membre associé de la Francophonie « sans passer par la 'case observateur', comme c'est habituellement la

---

41. Ernest HARSCH, « L'Afrique et la 'guerre contre le terrorisme', *Afrique Renouveau* », Octobre 2009.
42. Voir *Le Canard Enchaîné* du 6 juin 2012 et du 4 juillet 2012 en particulier.

règle »[43]. Le pays est un grand investisseur en France et un excellent client pour son industrie de l'armement : 80% du matériel de son armée forte de 10.000 hommes est français.

Cette admission au sein de l'Organisation internationale de la Francophonie, en pleine polémique sur le rôle du Qatar au nord du Mali, a d'ailleurs provoqué de nombreuses réactions y compris dans la majorité présidentielle. Pour calmer les esprits, fin octobre, la DGSE a fait connaître les résultats d'une enquête sur la question : pas de présence d'agents qatariens au nord du Mali[44]. Pas de présence d'agents qatariens peut-être mais les services ont laissé opportunément hors champ de son investigation la présence avérée d'humanitaires qatariens sur place, notamment à la faveur d'un accord entre les Croix-Rouge malienne et qatarienne – et les recherches sur le financement des groupes armés – en tête desquels le Mujao. Ces organisations sont censées être non gouvernementales, ce qui est peu crédible dans un pays dirigé par un émir qui tient tout le pouvoir entre ses mains – économique, médiatique, politique.

Le Qatar n'a d'ailleurs pas hésité à critiquer ouvertement l'intervention française ; position qui s'est infléchie suite au déplacement de Le Drian au Qatar, en amont d'un exercice militaire franco-qatarien mené dans le cadre des accords de coopération militaire signés en 1998.

---

43. AFP, « Francophonie : l'entrée du Qatar comme membre associé fait polémique », 13 octobre 2012.
44. De son côté, l'émir du Qatar a démenti avoir soutenu les groupes armés lors de la visite du Président malien sur place. Voir « Mali, mission en demi-teinte pour Dioncounda Traoré au Qatar », *Jeune Afrique*, 26 octobre 2012.

Par ailleurs, si la France pointe le danger lié aux groupes armés se réclamant de l'islam radical qui sévissent au nord du Mali, elle laisse totalement de côté toute analyse de la montée du wahhabisme et de courants conservateurs religieux dans la sphère politique au Mali, qui ne sont pas déliés de l'influence et des financements croissants de l'Arabie saoudite et du Qatar. « Le conflit occulte que se livrent l'Arabie saoudite et le Qatar sur le front des islamistes » selon le chercheur Gilles Holder, renvoie à une guerre d'influence plus large, que ce soit au Mali ou dans la région et qui passe par le financement de groupes armés mais aussi de mosquées, d'école coraniques ou d'autres initiatives sociales, depuis de nombreuses décennies.

Partie II
Une guerre française

5. Une guerre de reconquête préparée de longue date

« En aucun cas la France n'interviendra elle-même au Mali », assurait François Hollande le 13 novembre 2012, lors de sa première conférence de presse à l'Élysée. Le 11 janvier 2013, le même annonçait pourtant le déclenchement d'une opération militaire et justifiait ce revirement par l'urgence de la situation : « Il en va donc, aujourd'hui, de l'existence même de cet État ami, le Mali ».

LA « MENACE » SUR BAMAKO

Les jours précédents, le mouvement Ansar Dine et ses alliés lançaient en effet une offensive sur la ville de Konna, infligeant une sévère défaite à l'armée malienne. Après Mopti, située à 70 kilomètres, c'est Bamako qui aurait constitué l'objectif final des djihadistes. Ce scénario a été présenté comme une évidence, non seulement par le ministre de la Défense, mais par la quasi-totalité des journalistes et commentateurs. S'il ne peut être exclu, il n'allait pourtant pas de soi.

« Mais pourquoi les combattants (...) sont-ils repassés à l'attaque ? », s'interroge le site Jeuneafrique.com le 14 janvier 2013, qui rapporte l'interprétation du « conseiller d'un chef d'État d'Afrique de l'Ouest » : « Iyad [Ag Ghali] soupçonne Bamako de jouer un double jeu. Il veut contraindre le gouvernement malien à vraiment négocier, à Ouagadougou »[45]. Cette attaque vise aussi à contrarier le scénario établi par les résolutions de l'ONU et le déploiement de la Misma : « Surtout, Konna est proche de Sévaré, où se trouve le QG opérationnel de l'armée malienne, pas très loin de Mopti. Si l'aéroport de Sévaré venait à tomber, cela compliquerait beaucoup une éventuelle opération de reconquête. »[46] C'est vraisemblablement ce dernier point, plus que le risque de voir Bamako tomber, qui a été considéré comme une urgence par les stratèges français. Vincent Jauvert, du Nouvel Observateur, rapporte des déclarations de « l'entourage de François Hollande » qui militent en faveur de cette interprétation : « Par les écoutes, nous savions qu'ils voulaient prendre Sévaré, une ville très importante, notamment à cause de son aéroport, dit un officiel. Mais nous n'avions pas d'éléments probants concernant Bamako. »[47] « Je vois mal comment 3.000 ou 4.000 combattants, au grand maximum, aurait pu prétendre occuper une ville d'1,8 million d'habitants »[48], remarque Roland Marchal, chercheur au CERI/Sciences-Po. Ajoutons que Bamako est à environ 1.000 km de Konna et encore plus loin des réserves de ravitaillement des djihadistes en carburant et en armes, ce qui fait douter de la vraisemblance de la menace qui a été pilonnée dans tous les médias.

---

45. « Mali, pourquoi les djihadistes ont-ils attaqué Konna », *Jeune Afrique*, 14 janvier 2013.
46. Ibid.
47. Sarah HALIFA-LEGRAND, Vincent JAUVERT, « Mali, histoire secrète d'une guerre surprise », *Le Nouvel Observateur*, 10 février 2013.
48. Vincent HUGEUX, « Mali, au-delà des apparences, la crise décryptée par des experts », *L'Express*, 12 février 2013.

Même à supposer que Bamako ait été réellement menacée début janvier, cela ne signifie pas pour autant que le plan de reconquête unilatérale du pays mis en œuvre par la France ait été la seule option possible. Au regard des précédentes interventions militaires françaises en Afrique, force est de constater qu'il s'agit d'un choix délibéré parmi d'autres scénarios militaires envisageables (interpositions pour bloquer la descente des djihadistes, tirs de semonces par l'aviation française) qui auraient permis de protéger la capitale dans l'attente d'une réorganisation des forces maliennes ou de la mise en place effective d'une force inter-africaine prévue par la résolution 2085.

LE DÉPLOIEMENT DISCRET ET PROGRESSIF DES FORCES FRANÇAISES

Mais visiblement, si la diplomatie française s'est tant impliquée en faveur de l'adoption d'une telle résolution, fruit d'un compromis difficile avec les États Unis, c'est avant tout pour faire avaliser le principe d'une intervention étrangère au Mali.[49] Sans doute, afin de parer aux accusations de néocolonialisme, les autorités françaises auraient-elles préféré un vernis africain et un camouflage européen plus prononcés, comme lors de précédentes opérations, mais cela s'est révélé finalement superflu au regard de la véritable union sacrée qui a accueilli la décision française d'intervenir.

---

49. Gérard MOREAU, Juliette POIRSON, «Luttes d'influences au Sahara», *Billets d'Afrique et d'ailleurs*, 5 janvier 2013.

Tandis que les dirigeants français répétaient à l'envi que toute intervention française viendrait uniquement en soutien « logistique » aux forces africaines, l'armée française mettait progressivement en place le dispositif qui permettait l'Opération Serval.

A partir de septembre 2012, et sans doute avant, l'armée française a renforcé son déploiement de façon conséquente dans tout le Sahel et au Mali en particulier, sans un commencement de débat parlementaire : Survie révélait début juillet que le COS était présent au Mali, notamment des éléments du 1er RPIMa[50] (Régiment de parachutistes d'infanterie de marine), le 27 août, un journaliste français publiait que l'opération du COS déployée en Mauritanie, au Burkina Faso et « de manière moins permanente » au Niger portait le nom de Sabre[51] et le magazine Raids annonçait : « printemps 2012 : des éléments du GFS Sahel sont engagés au Mali suite au coup d'État militaire »[52]. Selon *Le Canard enchaîné*, le QG tactique de l'armée malienne basé à Sévaré, et menacé par l'offensive des djihadistes armés, était « contrôlé en fait par les forces françaises » du COS[53].

Sur la base française au Tchad, la flotte d'aviation a été renforcée à la fin de l'été par l'arrivée de Mirage 2000 et des chasseurs spécialisés dans les bombardements, tandis que des exercices de ces derniers mois visaient à « éprouver la capacité de la force à déployer

50. Via Twitter.
51. Jean-Dominique MERCHET, «'Sabre' - l'opération du COS au Sahel», *Blog Secret défense*, 27 août 2012.
52. *Les forces spéciales françaises au cœur du Sahel*, RAIDS, n°316, septembre 2012.
53. «L'État-major a convaincu Hollande d'ouvrir le feu», *Le Canard Enchaîné*, 16 janvier 2013.

d'importants moyens matériels et humains dans un environnement difficile, sur plusieurs semaines, à plus d'un millier de kilomètres de sa base principale» et à mettre à jour les informations la praticabilité des routes en direction du Niger[54]. Des hélicoptères ayant servi aux attaques dès le premier jour à Konna auraient été discrètement acheminés vers le Burkina-Faso à la même période[55].

Cette forte présence militaire française au Sahel a d'ailleurs rapidement occasionné une confusion au sein de l'exécutif français, comme le notait Jean-Marc Tanguy le 25 septembre: «Laurent Fabius niait la présence de troupes françaises au Sahel. Alors qu'au Ministère de la Défense certains s'inquiètent de leur exposition médiatique au Sahel, et se verraient bien museler la presse à coups de dépôts de plainte. Le Quai nie la présence de ce que la Défense veut aller protéger au tribunal, attestant ainsi de la présence de ces forces spéciales qui n'existent pas!»[56].

Les autorités françaises avaient également pris soin, sans doute à l'occasion du voyage en Algérie de François Hollande les 19 et 20 décembre, d'obtenir, comme l'a révélé Laurent Fabius, l'autorisation pour les avions français de survoler «sans limite» le ciel algérien «en direction du Mali»[57].

---

54. «Tchad, tournée de province dans la région du Djourab», Site du Ministère de la défense, 28 décembre 2012.
55. Kaci HAIDER, «Nord-Mali: des hélicoptères français acheminés en pièces détachées», *Algerie1*, 26 septembre 2012. On retrouve une information similaire sur le blog *Lignesdedefense,* en date du 10 octobre 2012.
56. Jean-Marc TANGUY, «Les contradictions de la diplomatie», *Le mamouth*, 25 septembre 2012. A noter qu'il est également rédacteur en chef de Raids Aviation.
57. «Le gaffeur du Quai d'Orsay», *Le Canard Enchaîné*, 23 janvier 2013.

Le Canard Enchaîné du 23 janvier 2013 a apporté quelques précisions sur les préparatifs français. Dès le 31 octobre 2012, une note militaire classée « confidentiel défense » recensait, à destination du chef de l'État, les moyens militaires aériens nécessaires pour « un soutien direct de l'action de reconquête »[58].

Par ailleurs, les avions de surveillance français étaient déjà en activité dans le ciel malien bien avant le déclenchement de l'opération. Le 8 et le 9 janvier au matin, des habitants de Konna ont signalé le survol incessant d'avions alors que les djihadistes étaient aux portes de la ville. Dès le 9 janvier au soir, quelques heures seulement après sa prise, Konna a été reprise par ces forces spéciales suivies des supplétifs maliens. C'est sans doute lors de cette contre-offensive que le premier mort français, un pilote d'hélicoptère, a été blessé alors que les djihadistes avaient pris possession des chars anti-aériens abandonnés par l'armée malienne. Pendant ces combats, « des troupes d'élite françaises acheminées par avion C-160 et appuyées par des hélicoptères » en provenance des « forces spéciales stationnées notamment au Burkina et au Tchad » débarquaient à Sévaré[59].

Officiellement, le déclenchement de l'opération date du 11 janvier et fait suite à la demande d'aide formulée par le Président malien par intérim, Dioncounda Traoré. En réalité, les renforts des forces spéciales françaises n'ont pas attendu cette formalité pour débarquer la veille à Sévaré[60].

58. Idem.
59. « Mali, pourquoi les jihadistes ont-ils attaqué Konna ? », *JeuneAfrique.com*, 14 janvier 2013.
60. Idem.

Des versions contradictoires existent également quant au déclenchement des premiers bombardements français. Alors que les bombardements n'ont officiellement commencé que dans l'après-midi du 11 janvier (le conseil de Défense qui a officiellement donné l'ordre aux armées françaises d'engager les combats ne s'est réuni qu'à 11 heures), un rapport d'Amnesty International accuse les militaires français d'avoir procédé à des tirs dans la matinée, qui ont fait cinq victimes civiles[61].

LA FRANCE AUX COMMANDES DE L'INTERVENTION

Au lendemain du déclenchement de l'Opération Serval, la diplomatie française s'est efforcée d'obtenir un habillage multilatéral, et d'en faire partager les coûts à d'autres pays. Mais en dépit de l'insistance française, la participation des autres pays a tardé à dépasser le stade du symbolique.

Quant aux forces maliennes, que l'armée française est censée aider, elles ont été ravalées au rang de supplétives. Une fois l'Opération Serval déclenchée, il s'est confirmé que les autorités françaises n'entendaient pas partager la moindre parcelle de décision en matière de choix stratégiques sur le déroulement du conflit, même avec les premiers concernés.

Il faut dire que les rênes de l'intervention sont dans les mains du général de brigade Grégoire de Saint-Quentin, un homme habitué à l'Afrique, de 1992 à

61. *Amnesty International*, Mali, premier bilan de la situation des droits humains après trois semaines de combats, AFR/37/003/2013, 1er février 2013.

1994 il était « conseiller technique du commandant du bataillon paracommando de l'armée rwandaise - régiment qui allait devenir le fer de lance du génocide »[62].

Si certains journalistes français n'ont pas craint de qualifier de « franco-malienne » l'offensive qui a rapidement repoussé les djihadistes vers le Nord, il leur a fallu chercher d'autres qualificatifs à partir de la prise de Kidal. En effet, « une semaine après [la prise de Kidal], et ce malgré la volonté affichée à Paris de restaurer au plus vite la 'souveraineté malienne' sur l'ensemble du territoire, aucune autorité légale n'est retournée sur place. Les militaires français ont pris soin de n'associer aucun Malien à leur opération. C'est avec l'aide de l'armée tchadienne qu'ils tentent de sécuriser les lieux », résume *Le Nouvel Observateur*[63], alors que le MNLA avait déclaré avoir repris la ville quelques jours avant que l'armée française n'y parvienne, une fois que les groupes armés qui l'occupaient auparavant avaient pris la fuite vers le massif des Ifoghas, plus au nord.

C'est peu dire que cette décision a jeté le trouble chez les autorités politiques et militaires maliennes qui n'étaient « 'même pas au courant' de l'initiative française, 'en tout cas pas au niveau de l'État-major'. (...) Du côté de la présidence, l'un des plus proches collaborateurs du Président de transition Dioncounda Traoré affirme également ne 'pas être au courant', n'avoir 'aucune information' et même 'être inquiet

62. « Guerre au Mali : Grégoire de Saint-Quentin, de Kigali à Bamako », *Jeune Afrique*, 4 avril 2013.

63. Christophe BOLTANSKI, « Mali, mais qui contrôle Kidal », *Le Nouvel Observateur*, 12 février 2013.

des réactions sur les réseaux sociaux'.»[64] La cote de popularité du MNLA, accusé d'avoir ouvert la porte aux groupes djihadistes au nord du pays, n'est en effet pas au plus haut niveau à Bamako, où des mandats ont été délivrés par la justice malienne à l'encontre des dirigeants du MNLA et d'Ansar Dine.

Cette décision d'écarter l'armée malienne a été justifiée par la volonté « d'éviter des affrontements entre les milices touarègues qui tiennent désormais la ville et les soldats de l'armée malienne »[65], et de ne pas exposer les populations civiles touarègues au risque – réel – de vengeance aveugle de la part des militaires malien : « Il y a une haine anti-touareg farouche au Sud. C'est la raison pour laquelle on ne souhaitait pas que les soldats maliens se jettent sur Kidal pour commettre encore plus d'exactions », confiait un diplomate au *Nouvel Observateur.*[66] Mais à ce compte-là, il aurait également fallu les tenir écartés de Gao et de toute la boucle du Niger, tant les exactions se sont multipliées dans le sillage de la progression française. Il s'avère en fait que cette décision résulte d'une alliance de la France avec le MNLA, comme elle le révélera quelques jours plus tard (voir Chapitre 15).

---

64. Christophe OBERLE, « Mali, la prise de Kidal ravive les tensions », *Le Figaro*, 30 janvier 2013.
65. Ibid.
66. Christophe BOLTANSKI, op. cit.

6. Une opération de promotion du dispositif militaire de la France en Afrique

Le Mali est entouré d'au moins cinq pays abritant des forces françaises conventionnelles ou non conventionnelles. L'Opération Serval, qui a déjà été rapidement qualifiée de « succès » opérationnel par les autorités françaises, permet à ces dernières de justifier la poursuite de la présence militaire française en Afrique, qui a toujours servi le maintien des intérêts français et des dirigeants qui acceptent cette tutelle.

LE QUADRILLAGE MILITAIRE FRANÇAIS DE LA RÉGION

Cette intervention survient alors que, officiellement, la France est engagée dans un processus de désengagement de sa présence militaire en Afrique. « Environ 30.000 soldats français stationnés sur l'échiquier africain à l'heure des indépendances, 5.000 à ce jour, à peine plus de 4.000 l'an prochain: le déclin des effectifs paraît irréversible », explique doctement le journaliste Vincent Hugeux. Le même résume : « Il fut un temps, pas si lointain, où les stratèges du dispositif militaire français en Afrique rêvaient de 'partir pour mieux rester'. En clair, d'orchestrer un repli en bon ordre, budgétairement inéluctable et symboliquement nécessaire, assorti de la transmission du témoin sécuritaire aux armées du continent, dûment formées. A la lumière des crises en cours – centrafricaine hier, malienne aujourd'hui –, il s'agit plutôt de rester pour ne pas devoir revenir… »[67]

Ce scénario, où les militaires français paraissent victimes de leur bonne volonté, oublie un peu rapidement que les dispositifs de coopération militaire n'ont jamais visé à faciliter le développement d'armées autonomes, mais toujours à développer des troupes supplétives en cas d'intervention françaises. Le cas des forces tchadiennes actuellement déployées au Mali en est le parfait exemple. Par ailleurs, s'il est incontestable que d'un point de vue quantitatif, et du point de vue de sa visibilité, le dispositif militaire pré-positionné a été considérablement réduit, ce processus a été compensé par une augmentation des moyens de projection de forces depuis la France[68].

De plus, la définition officielle d'une présence « permanente » mérite d'être questionnée. La fermeture de plusieurs bases a été annoncée ces dernières années (en Centrafrique, au Sénégal, en Côte d'Ivoire….), au point qu'il n'en reste officiellement plus que deux, l'une au Gabon comprenant un petit millier d'hommes, et l'autre à Djibouti où sont basés presque deux mille militaires. Le même volume d'hommes est présent au Tchad sur une base militaire qui ne dit pas son nom, puisqu'il s'agit d'une opération extérieure (opex) en principe provisoire… depuis 1986. L'intervention en cours et la mission onusienne à venir permettront à nouveau de justifier la poursuite de ce dispositif nécessaire à la guerre au Mali.

---

67. Vincent HUGEUX, «Afrique-France, à la vie à la mort», *L'Express*, 27 janvier 2013.
68. Raphaël GRANVAUD, *Que fait l'armée française en Afrique*, Coédition Agone-Survie, 2009, p. 40-41.

En outre, la France a maintenu de nombreux autres points d'appui militaires plus restreints, mais susceptible de monter en puissance en cas de besoin. Il peut s'agir d'opérations extérieures (Licorne en Côte d'Ivoire, Boali en RCA, Corymbe dans le Golfe de Guinée...), de pôle de coopération régionale (au Sénégal, un « pôle » qui est de fait une base militaire), de la présence d'instructeurs (au Togo, au Cameroun, etc.), ou d'une présence non-officielle de ses forces spéciales. A la veille de l'intervention, le Mali était donc entouré de trois pays qui abritent en permanence une importante présence militaire française conventionnelle : à l'ouest, le pôle militaire français de Dakar, avec environ 400 hommes et des parcs de matériel ; à l'est 950 hommes basés au Tchad dans le cadre de l'opération Épervier – avec une capacité aérienne importante ; et au sud, 450 hommes de l'opération Licorne stationnés en Côte d'Ivoire.

A l'occasion de l'opération franco-mauritaniennes au Mali à l'été 2010, visant la libération de l'otage français Michel Germaneau (finalement mort aux mains d'Aqmi), puis de l'opération « Archange foudroyant » en janvier 2011 au Niger, qui s'est soldée par la mort des deux otages français dont au moins un probablement sous les balles françaises[69], on a ainsi eu la confirmation que les forces spéciales françaises étaient implantées en Mauritanie, au Burkina-Faso, plus récemment au Niger. En Mauritanie, cette présence semble avoir été rendue possible après le putsch militaire qui a porté le colonel Abdel Aziz au pouvoir

69. Une enquête pour « enlèvement et séquestration suivis de la mort » a été confiée au pôle antiterroriste de Paris, qui a recueilli des témoignages défendant cette thèse.

en 2008. Au Burkina-Faso, le détachement le plus important a été pré-positionné après l'enlèvement des otages d'Areva au Niger en 2010.

Cette prise d'otages a également permis à la France d'obtenir le renforcement de sa présence militaire dans ce dernier pays, qu'elle demandait avec insistance depuis plusieurs années, avec le renforcement de la présence du Commandement des opérations spéciales (COS) pour sécuriser les mines d'uranium d'Areva. Au Mali, la présence du COS remonterait à 2009. Dans ces différents pays, le COS aurait « formé et entraîné des GSI (groupes spéciaux d'intervention) en Mauritanie (400 hommes), au Mali (200 hommes) et au Niger (200 hommes) »[70], lesquels, selon un reportage de France 24 « sont des unités très mobiles, équipées de puissants pick-up Toyota armés de mitrailleuses lourdes [qui] ne dépendent d'aucune base ».

REPRENDRE PIED AU MALI

Au Mali, la présence militaire française est ancienne, mais a connu des hauts et des bas, depuis la fermeture des bases militaires sous Modibo Keïta, alors que la France était encore en guerre contre le FLN en Algérie. En 1985, alors que le pays est dirigé par le dictateur Moussa Traoré, un accord de coopération militaire est signé, mais dont les clauses limitent la présence militaire française. En 1992, après la signa-

70. Jean-Dominique MERCHET, « Mali : plus d'une vingtaine de militaires français ont participé à l'opération antiterroriste », Blog Secret Défense, 24 juillet 2010 ; Arnaud JOUVE, « Guerre au Mali, phase 2 », *RFI*, 4 février 2013.

ture du Pacte national entre le pouvoir malien et un groupe de coordination des rebelles touaregs, « Tout comme au Rwanda, l'armée française a mis en place des DAMI (Détachement d'assistance militaire d'infanterie) (…) Le premier DAMI est [alors] installé depuis deux mois à Sévaré, à la limite de la région nord, théâtre des troubles entre rebelles et soldats. Deux officiers-instructeurs français forment deux sections de quarante soldats, aux techniques de combat contre la guérilla. »[71]

Plus tard, la coopération militaire s'est poursuivie, notamment à travers les deux écoles nationales à vocation régionales (ENVR) situées au Mali (pour le maintien de la paix et l'administration)[72], mais avec la concurrence de plus en plus marquée des États-Unis sous couvert de lutte contre le terrorisme. En 2007 et 2008, le Mali a ainsi accueilli l'exercice militaire annuel Flintlock. Ce dernier devait s'y dérouler à nouveau en 2012, avant d'être annulé pour cause de conflit. Les États-Unis avaient notamment apporté une aide à l'armée malienne dans le conflit l'opposant aux troupes touarègues d'Ibrahim Ag Bahanga en 2007.

Après les prises d'otage au Niger et la détention de ces derniers par Aqmi au Mali, la France, qui, officiellement, avait déjà formé 250 membres des

71. « Mali touaregs : la décomposition », *La Lettre du Continent*, n°170, 3 septembre 1992.

72. François LONCLE, Henri PLAGNOL, *op. cit,* p. 69-72. Le rapport précise à leur propos : « vos rapporteurs regrettent que les autorités de ce pays aient tardé à engager contre Aqmi leurs 800 soldats formés par les instructeurs français. »

forces spéciales maliennes[73], avait exigé d'ATT un renforcement de sa coopération militaire, demandant notamment que le Mali puisse servir de base arrière pour une intervention militaire française destinée à les libérer. « Soucieux de ne pas paraître en état de belligérance avec les 'islamistes', le Président malien, Amadou Toumani Touré, sollicité par Nicolas Sarkozy pour que son pays accueille les forces spéciales françaises chargées de cette mission, a décliné. Le refus malien a abouti à choisir, faute de mieux, Niamey. (…) Alors que l'aéroport de la ville malienne de Kidal, à une centaine de kilomètres, aurait pu servir de base aux militaires français, c'est donc depuis Niamey, à environ 500 kilomètres, qu'ils sont amenés à opérer. » relatent Philippe Bernard et Nathalie Guibert dans *Le Monde*[74].

Ce refus d'Amadou Toumani Touré de mettre, comme l'a fait la Mauritanie, son territoire et son armée à la disposition de l'armée française, est sans doute l'une des raisons qui explique la mollesse des protestations françaises lorsqu'il a été renversé par une mutinerie militaire. A l'inverse, les nouvelles autorités politiques maliennes, issues des élections programmées en 2013, seront évidemment redevables envers l'ancienne métropole, et on les imagine mal en position de limiter les exigences de cette dernière en matière de présence militaire.

---

73. Philippe BERNARD, Nathalie GUIBERT, « La France concentre à Niamey d'importants moyens militaires pour chercher les otages », *Le Monde*, 21 septembre 2010.
74. Philippe BERNARD, Nathalie GUIBERT, op. cit.

ACCENTUER LA PRÉSENCE FRANÇAISE EN AFRIQUE

La France « n'a pas vocation à rester au Nord Mali » avait promis le Président français[75] au début de l'intervention, pour éviter les critiques. Un vœu pieux. Le 5 avril 2013, il a été officiellement annoncé par Laurent Fabius à Bamako que la France avait vocation à rester au-delà de la fin de l'année avec au moins 1.000 hommes, et ce « autant que nécessaire », information confirmée à l'assemblée nationale le 22 avril, à l'occasion du vote sur la prolongation de Serval.

La question du maintien d'une présence permanente dans la capitale se pose aussi. Le journaliste Vincent Hugeux rapporte ainsi les préoccupations qui traversent le milieu militaire : « Vaut-il mieux garder 600 hommes à Bangui, feint de s'interroger un haut gradé familier des convulsions subsahariennes, ou en dépêcher le double demain pour voler au secours de compatriotes menacés ? » De même, insiste cet officier, dès lors qu'il urge d'enrayer en quelques heures la percée de colonnes djihadistes vers Mopti et Bamako, « on s'aperçoit que le maintien d'unités pré-positionnées a du bon ».

Dans les rangs d'un certain nombre de députés, l'intervention au Mali est venue confirmer la nécessité de garder le dispositif néocolonial français en Afrique intact. Voilà ce que déclarait à ce propos Jean-Louis Carrère, Président de la Commission de la Défense du Sénat lors d'une intervention en séance le 19 février :

« Une des leçons que l'opération au Mali nous apprend, c'est que nous devons pouvoir compter sur

---

75. Allocution de François Hollande à Dubaï, le 15 janvier 2013.

nos propres forces, faute de prise de conscience chez nos partenaires européens ! Deuxièmement, l'importance de nos forces pré-positionnées est manifeste. Sans ces points d'appui, comment pouvions-nous être sur le terrain cinq heures après la décision du Président de la République ? (...) Aurions-nous pu agir de façon aussi rapide et aussi décisive si nous n'avions pas été présents à N'Djamena, Dakar, Ouagadougou, Libreville ou Niamey ? (...) L'importance de conserver intacte notre capacité à « entrer en premier », tout à fait déterminante, trouve dans ce conflit une démonstration éclatante. Sachons en tirer les conséquences dans la future loi de programmation militaire. »

DES VOIX AFRICAINES CONTRE LE DÉPLOIEMENT FRANÇAIS

« De l'intervention de l'armée française, je voudrais d'abord m'inquiéter de la manière dont elle s'opère et surtout de ses conséquences sur la situation au Burkina ainsi que dans les autres pays voisins du Mali. Chose curieuse en effet, c'est par la voix du ministre français de la défense, sur RFI, que nous avons appris que dans le cadre de l'Opération Serval, la France disposerait d'unités et de matériels militaires déployés au Burkina Faso. Et il l'a annoncé sans sourciller et de la manière la plus naturelle qui soit. C'est inadmissible ! Qui a donc donné l'autorisation à la France, à l'insu des burkinabé, de déployer ces unités et ce matériel sur notre sol d'État indépendant ? Est-il certain qu'elles repartiront une fois l'Opération Serval terminée ou les maintiendra-t-on chez nous pour autre chose ? Et lorsqu'on parle d'attitude de type néocolonialiste, certains osent encore s'offusquer».

Chrisogone ZOUGMORÉ, Mouvement burkinabè des droits de l'homme et des peuples (MBDHP) dans *Lefaso.net* du 28 janvier 2013.

«Pour sortir de la crise, les puissances occidentales veulent faire main basse sur les ressources naturelles de la bande sahélienne en prenant appui sur des dirigeants dociles. En Afrique, il n'y a jamais eu de coups d'État sans l'implication de la France [...] Nous sommes à un tournant grave de l'évolution des rapports entre les puissances industrialisées. Elles pensent qu'elles ont tout à gagner à la militarisation de la mondialisation. Il est évident aujourd'hui, avec l'émergence de la Chine, que ces pays ne sont plus maîtres à bord. La crise aux États-Unis ou en Europe trouve une réponse dans les richesses du continent africain. Comme en Côte d'Ivoire, en Libye, ils ont juste activé le levier diplomatique et médiatique, pour justifier leur présence. Il est temps que les peuples soient politiquement lucides et déterminés, comme au temps des libérations nationales, pour limiter les dégâts, et si possible nous libérer. Quand on observe l'impact médiatique accordé au MNLA et la prise de parole, on comprend que la France l'instrumentalise pour se repositionner dans ses anciennes colonies.»

Aminata TRAORÉ, écrivaine et ancienne ministre malienne, interview à *Abidjandirect.net*, avril 2012

SERVAL AU SECOURS DU BUDGET DE LA DÉFENSE

L'Opération Serval a été lancée au moment où le Livre blanc sur la défense et la sécurité nationale aurait dû être publié, un ouvrage visant à réactualiser la description officielle des menaces qui pèseraient sur la France, et par voie de conséquence à fixer les grandes orientations en matière d'évolution de l'armée française pour les années qui viennent, mais aussi le budget de la Défense.

Les militaires craignaient que ce dernier fasse l'objet, comme les autres dépenses publiques dans un contexte d'austérité, de restrictions importantes : « dans les rangs, la crainte est grande que l'armée de terre fasse les frais des contraintes budgétaires, au point de ne plus pouvoir intervenir de par le monde »[76]. En effet, interrogé lors de son audition au Sénat le 16 octobre 2012 (donc avant le déclenchement de l'intervention française), le ministre de la Défense se contentait de dire que « l'avenir de notre présence militaire en Afrique est un sujet qui figure au cœur des réflexions de la Commission du Livre blanc sur la défense et la sécurité nationale »[77]. Lors de ses vœux aux armées, le Président Hollande assurait : « L'enjeu pour la France c'est aussi de rester en mesure de peser dans la gestion et le règlement des crises mettant en cause la sécurité internationale ou nos intérêts stratégiques. (…) nous devons être capables de projeter hors de nos frontières, c'est-à-dire être capables d'intervenir à l'extérieur, que ce soit dans

---

76. Alain RUELLO, op. cit.
77. Voir le compte-rendu de la Commission des Affaires étrangères, de la Défense et des forces armées du Sénat du 16 octobre 2012.

des conflits armés de haute intensité – pour ne pas dire des guerres – que ce soit dans des opérations de stabilisation et de maintien de la paix. »[78] Mais il y réaffirmait dans le même temps « le ministère de la Défense participera à l'effort national [de réduction du déficit] au même niveau que les autres ministères ».

Dans ce contexte, l'Opération Serval, mise en avant dès les premières semaines comme un succès, vient à point nommé comme un des arguments visant à infléchir les évolutions annoncées. Les parlementaires de droite, notamment, ont relayé ces préoccupations lors des débats à l'Assemblée nationale sur l'intervention au Mali le 16 janvier dernier et le Figaro du 3 mars expliquait les derniers résultats d'un sondage Ipsos sur la perception des opérations extérieures dans l'opinion publique : « À l'heure où tous les budgets sont comprimés, 66% des sondés estiment qu'il faut maintenir ou augmenter celui de la défense », alors qu'« en novembre 2011, ils étaient 65% à penser exactement le contraire. »[79]. Un renversement de tendance antérieur au Mali, selon certains analystes, mais que l'intervention française aurait consolidé.

Avant même la publication du Livre blanc sur la défense, François Hollande a rassuré dans les rangs : le budget militaire restera le même dans les prochaines années[80]. Une victoire pour la capacité d'influence de l'armée et aussi pour l'Opération Serval.

---

78. Vœux du Président de la République M. François Hollande aux armées et aux anciens combattants du 9 janvier 2013.
79. Isabelle LASSERRE, « Mali : les Français approuvent l'intervention militaire », *Le Figaro*, 3 mars 2013.
80. Jean-Dominique MERCHET, *Il n'y aura pas de baisse de crédits militaires, annonce François Hollande*, *Blog secret Défense*, 28 mars 2013.

COÛTS ET BÉNÉFICES DE L'OPÉRATION SERVAL

Les opérations extérieures de la France (les opex en jargon militaire), à l'exemple de Serval, dont le coût provisoire était évalué fin avril à 200 millions euros, coûtent indéniablement cher au contribuable. La comptabilité officielle est biaisée et en minimise l'importance, puisqu'elle ne mesure que les « surcoûts » par rapport à une situation toute théorique où l'armée serait inactive.

Depuis 10 ans, la moyenne annuelle du surcoût des opex avoisine le milliard d'euros, avec un pic à 1,2 milliards en 2011[81]. Le provisionnement annuel destiné aux opex a beau avoir été augmenté dans les dernières lois de programmation militaire, atteignant un peu plus de 600 millions d'euros, les prévisions sont toujours très régulièrement dépassées.

Des publications de l'institution militaire ou des « experts » qui gravitent autour, essaient régulièrement de justifier le budget colossal des armées. On évalue la rentabilité de notre politique de défense, ses effets sur la croissance, ou les « retours économiques sur investissement militaire », autrement dit les bénéfices escomptés pour les grands groupes français. Une opération militaire comme Serval, quel que soit son coût, permet en effet de démontrer l'efficacité des armements utilisés, notamment ceux qu'elle entend exporter à l'étranger, à l'exemple du chasseur *Rafale*, de l'hélicoptère franco-allemand *Tigre* ou des missiles à guidage laser *AASM*. Bien utile pour rester sur le

---

81. Chiffre de 2011, ceux de 2012 n'étant pas publiés à la date d'écriture de cette partie.

podium des principaux exportateurs d'armes de la planète : La France était en 2011 le 4e pays exportateur d'armes au monde avec 6,5 milliards de dollars de commandes enregistrées, en augmentation de 27% par rapport à l'année précédente.

Selon *Le Canard Enchaîné* du 16 janvier 2013, François Hollande, en visite à Abu Dhabi (où la France, rappelons-le, dispose d'une base militaire) aurait déclaré à un pilote français : « Il faudra leur montrer (aux Emirats) toutes les qualités du Rafale (...) C'est aussi un élément très important de votre mission: montrer que les matériels français sont les plus performants. Merci pour votre double mission, à la fois opérationnelle et...commerciale. »

7. Le Président, les militaires et les ministres à la manœuvre, le Parlement à la traîne

Dès les heures qui ont suivi la décision de François Hollande d'intervenir militairement au Mali, le Président français était montré à la manœuvre dans tous les médias, sa stature et sa crédibilité de chef de guerre abondamment commentés sur les chaînes d'actualité en continu, sur fond d'infographies martiales affichant le portrait présidentiel, les couleurs du drapeau malien et des attributs guerriers.

Si par la suite, les ministres de la Défense et des Affaires étrangères ont eu une réelle visibilité, le Premier ministre était relégué au second rang et le Parlement est quant à lui apparu inféodé aux décisions de l'exécutif et incapable d'exercer un pouvoir de contrôle. La communication a aussi caché le rôle majeur qu'exercent les militaires dans les décisions relatives à l'Opération Serval.

LE PRÉSIDENT ET SES HOMMES

La communication de l'Élysée et du gouvernement a été sans ambiguïté, c'est bien le Président de la République, dans l'esprit de la Ve République, qui a pris la décision d'engager les forces françaises au Mali et qui en a assumé clairement et publiquement la responsabilité. «J'ai, donc, au nom de la France, répondu à la demande d'aide du Président du Mali appuyée par les pays africains de l'Ouest. » déclarait ainsi François Hollande dans son allocution du 11 janvier 2013.

Le pouvoir de déclencher des opérations armées a été utilisé par tous les prédécesseurs de François Hollande, en Afrique en particulier, parfois pour asseoir leur autorité ou pour redorer leur blason. Dans un discours de campagne sur la défense, le dimanche 11 mars 2012, il n'avait pas caché la possibilité d'exercer à son tour ce pouvoir, reprenant à son compte une déclaration de François Mitterrand. « La guerre n'est pas le passé, cela peut être l'avenir »[82].

Tout en affirmant son rôle prépondérant dans le commandement des opérations, le Président de la République a tenu à donner une dimension collégiale au pilotage des opérations.

Pour ce faire, des images des réunions des « Conseils de Défense » ou « Conseils restreints de Défense » ont été largement diffusées. On y a vu réunis autour de François Hollande, du Secrétaire général de l'Élysée, Pierre-René Lemas, et du chef d'état-major particulier, Benoît Puga, les ministres Jean-Marc Ayrault, Laurent Fabius et Jean-Yves Le Drian, entourés du chef d'état-major des armées, Edouard Guillaud, du patron de la Direction générale des services extérieurs (DGSE), Erard Corbin de Mangoux. Le ministre de l'Intérieur Manuel Valls a été ensuite ajouté à cette configuration.

Dans un article du 15 janvier, le quotidien *Libération* en décrivait les modalités de prise de décisions[83] :

---

82. Discours du 17 janvier 1995 de M. François Mitterrand devant le Parlement européen.
83. Grégoire BISEAU, Thomas Hofnung, « Conseil de défense, revue des troupes », *Libération*, 15 janvier 2013.

« On présente la situation, puis les différentes options qui s'offrent au Président. Chacun des participants autour de la table s'exprime, et le Président tranche. A François Hollande le rôle de chef des Armées et du pouvoir décisionnaire qui en découle, à Jean-Marc Ayrault le rôle du pédagogue justifiant l'entrée en guerre de la France au Mali auprès des parlementaires. »

POLITIQUE ET MILITAIRE : UNE CONTINUITÉ ASSUMÉE

Mais cette suprématie présidentielle sur le commandement des opérations n'est pas si évidente.

Les journalistes[84] qui se sont essayés à analyser les mécanismes ayant conduit à la prise de décision du Président Hollande d'entrer en guerre insistent sur le rôle prépondérant de deux hommes : le ministre de la Défense, Jean-Yves le Drian et le chef d'état-major particulier du Président de la République, le général Puga.

Si l'implication d'un ministre de la Défense sur un tel choix peut paraître logique, elle est néanmoins une inflexion par rapport à toutes les présidences précédentes, sous lesquelles les ministères de la Défense comme celui des Affaires étrangères restaient cantonnés à un rôle restreint, voir parfois à de la simple figuration, au profit du traditionnel « domaine réservé » de la présidence.

---

84. « L'État major a convaincu Hollande d'ouvrir le feu », *Le Canard Enchaîné*, 16 janvier 2013 ; Nathalie NOUGAYREDE, « Mali, les faucons de François Hollande », *Le Monde*, 29 janvier 2013.

Avec le rôle et la personne du général Puga, on est au contraire dans la stricte continuité, François Hollande ayant fait le choix de conserver le même chef d'état-major que Nicolas Sarkozy. Un choix qui n'est pas anodin : le général Puga, incarne une tradition françafricaine encore dominante dans l'armée française, et le poids des officiers issus des troupes de Marines ou de la Légion, c'est-à-dire les corps héritiers de l'ancienne armée coloniale. Il a participé, notamment dans la Légion, à de nombreuses opérations militaires en Afrique, du saut sur Kolwezi en 1978 (au Zaïre) à celui sur Birao (en République centrafricaine) en 2007 ; il a occupé le poste de commandant des forces spéciales du COS à partir de 2004, puis celui de sous-chef « opérations » à l'état-major des armées, avant de prendre la direction du renseignement militaire en 2008. Selon J-D. Merchet, sa candidature auprès du Président de la République précédent avait été « soutenue par des anciens du REP [parachutistes de la Légion] et les policiers du renseignement (DCRI), qui p[esaient] d'un poids important dans l'entourage du chef de l'État [Nicolas Sarkozy] ».[85]

Par ailleurs, les liens entre politiques et militaires se sont confirmés au niveau du choix des diplomates chargés de traiter les questions sahéliennes. A l'été 2010, le général quatre étoiles Emmanuel Beth, vieux routier des bases africaines de l'armée française et frère du commandant des troupes d'élites du COS (Commandement des Opérations Spéciales) a été

85. Jean-Dominique MERCHET, « Haute hiérarchie militaire : du rififi dans le mercato des généraux », *Blog secret Défense*, 25 février 2010.

nommé ambassadeur de France à Ouagadougou, en amont du redéploiement de troupes françaises dans le pays au titre de la « lutte contre le terrorisme ».

Le 21 mars 2013, Gilles Huberson a remplacé Christian Rouyer en tant qu'ambassadeur au Mali. *Jeune Afrique*[86] explique à son propos que c'est un « ancien gendarme passé par Saint-Cyr » qui a ainsi sans doute « davantage le profil pour accompagner la délicate réforme de l'armée malienne », et pour la négociation sur les prises d'otages. Huberson est en effet réputé « proche des « services », c'est à dire de la DGSE (Direction générale de la Sécurité extérieure).

LE CADRE INSTITUTIONNEL

La constitution de 1958 donne de très larges pouvoirs à l'exécutif sur les questions de défense, ce qui a permis aux présidents successifs de conclure en toute opacité des accords de coopération ou de défense avec des pays africains et d'engager des forces françaises en Afrique une cinquantaine de fois depuis 1958.

Cette suprématie de l'exécutif s'est heurtée à de rares critiques et tentatives d'exercer et de développer un contrôle parlementaire, si l'on excepte l'organisation de rares commissions d'information ou commission d'enquêtes sur des questions concernant l'engagement de forces armées à l'étranger[87], sans jamais les remettre en cause. De nombreuses demandes de création de commissions d'enquête ou mission d'in-

86. « Les raisons d'un chassé-croisé diplomatique », *Jeune Afrique*, 28 mars 2013.
87. La plus connue restant la Mission d'Information Parlementaire sur le Rwanda, dont le rapport a été publié en 1998 par l'Assemblée nationale.

formations sont par ailleurs restées sans suite, faute d'un rapport de force suffisant en faveur de leurs promoteurs, à l'exemple de la demande de commission d'enquête sur la Force Licorne en Côte d'Ivoire déposée en juillet 2012 par 10 députés[88].

Malgré la modification constitutionnelle du 23 juillet 2008 relative au contrôle parlementaire des opérations extérieures, l'aval du Parlement n'est toujours pas nécessaire à l'Élysée pour déclencher une opération extérieure. Cette réforme de l'article 35 de la Constitution a prévu une simple information du Parlement dans les trois jours suivant une intervention, puis un vote sur le prolongement d'opérations au-delà de quatre mois.

Ces étapes apparaissent comme des formalités voire des mascarades, à l'exemple du vote groupé organisé le 28 janvier 2009 sur la prolongation de cinq opérations extérieures (en particulier au Tchad et en Côte d'Ivoire) qui avait suscité des critiques dans les bancs de l'ensemble des partis d'opposition.

Constatant l'absence de réunion des commissions permanentes compétentes, le député PS Bernard Cazeneuve avait par exemple regretté à l'Assemblée au nom de son groupe de ne pas avoir « des moyens qui (...) permettraient de [se] prononcer en conscience et en responsabilité sur les opérations [soumises au vote] ».

En réalité, l'amélioration du contrôle parlementaire est un « marronnier » qui revient à chaque élection présidentielle. Le projet de programme de mandature du PS et d'EELV pour 2012, annonçait ainsi: « Le Parlement redeviendra le cœur battant de la démocratie

---

88. Déposée en juillet 2012.

ce qu'il n'aurait dû cesser d'être : son pouvoir d'initiative et de contrôle sera renforcé ; [...] les choix diplomatiques et militaires y seront effectivement débattus et décidés. ». Au pouvoir, les partis concernés ont fait moins de zèle si l'on en juge par l'exercice du contrôle parlementaire sur les opérations militaires menées au Mali.

LES PARLEMENTAIRES ET L'INTERVENTION FRANÇAISE AU MALI

Si des discussions avec les parlementaires avaient bien été organisées sur la situation au Mali dans les mois précédant l'intervention, il n'y avait pas été question d'un engagement direct français dans des opérations de combat et encore moins que la France prenne la tête des opérations.

L'imposant déploiement de troupes françaises opéré au Mali sur seule décision de l'exécutif aurait donc dû susciter des réactions politiques, pour dénoncer l'absence de concertation du Parlement en amont de la décision et souligner la nature préméditée de cette intervention armée. Seules de rares personnalités de la classe politique ont déploré explicitement ces manquements, à l'exemple de Noël Mamère et Jean-Luc Mélenchon.

Lors de ses vœux aux parlementaires, mercredi 16 janvier, François Hollande a affirmé souhaiter « que le Parlement soit associé autant qu'il est possible aux décisions que je prends ou que je pourrais prendre ». Dans les premiers jours de l'intervention, les partis politiques se sont exprimés à la tribune de l'Assemblée lors d'un débat sans vote suivant l'intervention du Premier ministre le mercredi 16 janvier 2013, et y ont exposé de façon très modérée la revendication d'un contrôle accru du Parlement sur les opérations au Mali. L'intervention la plus explicite est à mettre au crédit de François Asensi, pour le groupe GDR, déclarant à la tribune « Notre Parlement n'a pas été consulté au préalable, nous le déplorons. L'urgence existait, certes, mais le scénario d'une offensive vers le sud malien était prévisible. ».

Une enquête du journaliste Mathieu Magnaudeix publiée dans *Mediapart* le 23 janvier 2013 et intitulée « Guerre au Mali : le Parlement cherche son rôle », a par la suite souligné l'attitude plutôt résignée voire la satisfaction de la plupart des parlementaires face à ce rôle subalterne laissé par l'exécutif. Tout juste a-t-on pu lire certains témoignages de parlementaires socialistes soulignant le caractère succinct des échanges entre les commissions et le ministres, regrettant de n'apprendre certaines informations qu'à la télévision ou de rester en permanence confronté au « secret défense » concernant les opérations militaires en cours ou l'action des services secrets[89]. Seul Noël Mamère faisait exception à la solidarité gouvernementale, déclarant à Mathieu Magnaudeix « Ces auditions sont très convenues, très protocolaires. C'est le minimum syndical. On ne peut pas dire que ces réunions ressemblent à ce qu'on peut voir dans d'autres démocraties parlementaires ».

Du côté de l'opposition, des critiques plus explicites ont été relevées par le journaliste de Mediapart

89. Témoignages de Patricia Adam, Pouria Amirshai, François Loncle.

concernant la nature même de l'intervention et sa justification. « Pourquoi est-on intervenu aussi vite, avec des hélicoptères Gazelle et pas d'autres hélicoptères de combat ? Était-on sûr que la colonne de djihadistes, qui descendait vers le sud, se dirigeait vraiment sur Bamako ? Je n'y crois absolument pas. Et quelle est notre mission exacte ? À aucun moment on ne nous l'a dit » s'est ainsi interrogé l'UMP Christophe Guilloteau.

La limite de ces premières confidences est précisément qu'elles ont été exprimées dans un cadre non institutionnel, que peu ont fait l'objet de questions écrites ou orales, de demandes de commission d'enquête, qui sont pourtant les outils des parlementaires pour exercer un pouvoir de contrôle, pouvoir qui devrait s'apparenter à un devoir lorsqu'il est question de la guerre.

QUEL « SUIVI » DES PARLEMENTAIRES ?

Au fur et à mesure que l'intervention française se déployait sur le terrain et enregistrait premiers succès militaires et premières pertes d'hommes, les interpellations de parlementaires se sont faites assez rares.

On peut souligner l'interrogation de Pouria Amirshahi, pourtant partisan de l'intervention : « Veut-on préserver l'intégrité du territoire malien, faire la guerre au terrorisme ? Il y a un débat sur le but de la guerre qui relève du débat politique »[90].

90. *Ibid.*

Quelques questions intéressantes ont également été émises sur des points précis du conflit, tels que le rôle du Qatar et ses relations avec la France, ou l'utilisation supposée de munitions à l'uranium appauvri par l'armée française.

C'est paradoxalement sous l'impulsion de l'exécutif lui même que les informations les plus précises semblent avoir circulé en direction des parlementaires. Les comptes-rendus de certaines auditions de Jean-Yves Le Drian[91] par les commissions parlementaires, fournissent en effet des éléments assez étayés sur la stratégie militaire de la France au Mali. Ces comptes rendus n'ont malheureusement pas tous été diffusés en ligne, notamment ceux des commissions au Sénat.

La Commission de la Défense de l'Assemblée nationale a annoncé le 7 février 2013 la création d'une « mission d'information de suivi de l'opération au Mali » présidée par la députée PS Patricia Adam, également Présidente de la Commission de la Défense. Cette double-présidence a d'emblée limité la portée critique des travaux car on imagine mal une députée figurant parmi les premiers interlocuteurs du ministre de la Défense, dont elle a salué à plusieurs reprises la coopération avec le Parlement, lui mettre des bâtons dans les roues en menant un travail critique sur sa gestion de la guerre au Mali. Par ailleurs, Mme Adam s'est davantage illustrée médiatiquement par ses critiques portant sur le Livre blanc sur la défense et sur les restrictions budgétaires annoncées que par ses analyses critiques de l'Opération Serval.

---

91. Compte-rendu d'audition n°57 du 20 février 2013.

Cette mission d'information n'a débuté officiellement ses travaux que le 22 mars, soit plusieurs semaines après sa création et surtout, près de deux mois et demi après le début de l'intervention française. Une bien étrange conception de ce que doit être une mission « de suivi ».

De plus, la mission des parlementaires, pourtant peu inquiétante au vu de ces éléments, n'a pas paru réjouir l'armée française sur place qui, selon le blog *Le mamouth*, leur aurait refusé l'accès du massif de l'Adrar des Ifoghas[92].

Le 27 février lors du débat organisé à l'Assemblée nationale sur la thématique « Mali : au delà de l'intervention militaire, perspectives de reconstruction et de développement », la tonalité générale est restée au soutien à l'intervention française, avec force hommages rendus à ses soldats tués au combat, lesfondements mêmes de l'intervention étant été peu questionnés malgré quelques commentaire et critiques sur la genèse historique de la crise.

C'est donc sans surprise que le 22 avril, à l'unanimité (moins l'abstention des élus du Front de gauche), le Parlement français a donné son accord à la prolongation de l'Opération Serval au delà de 4 mois, conformément à la réforme constitutionnelle du 23 juillet 2008. Ce vote a été précédé par la publication d'un rapport d'information coordonné par deux sénateurs, Jean-Pierre Chevènement et Gérard Larcher, qui, tout en abordant certaines préoccupations concernant l'évolution de la situation, vantait

92. Jean-Marc TANGUY, « Pas de rapporteurs dans l'Adrar », *Le Mamouth*, 29 mars 2013.

le succès de l'opération Serval et affirmait la nécessité pour l'armée française de préserver son budget et conserver des forces pré-positionnés en Afrique.

LA POSITION DES PARTIS POLITIQUES FRANÇAIS

Comme en 2011 lors de l'intervention en Libye, l'intervention française au Mali a reçu le soutien des partis politiques de droite (à l'exception notable de l'ancien Premier ministre Dominique de Villepin[93] et de Valery Giscard d'Estaing), du PS et d'EELV. Les autres partis de gauche (PCF, PG, plus généralement le Front de Gauche) ont exprimé des nuances dans le soutien tandis que le NPA et LO s'y sont, eux, opposés.

Les partis qui ont soutenu l'intervention se sont appuyés sur les arguments de la légitimité de l'application de la résolution 2085 des Nations Unies, et de l'appel du gouvernement malien, évoquant également l'argument « moral » de la lutte contre le terrorisme et de l'appui nécessaire à un pays ami jugé en danger.

Le soutien du PS a été sans nuance, relayé entre autres par le Premier secrétaire du Parti, Harlem Désir sur les plateaux de télévision, tentant avec une certaine audace de justifier que cette intervention incarnerait la rupture avec la Françafrique.

L'UMP et le Nouveau centre, qui ont rapidement soutenu l'intervention ont tenu à regretter l'isolement de la France, et ont rapidement exprimé les incidences

93. Dominique DE VILLEPIN, « Non, la guerre, ce n'est pas la France », 12 janvier 2013.

nécessaires de ce conflit sur le dégel des crédits consacrés à l'armée et sur les décisions du futur Livre blanc sur la défense. L'intervention de Nicolas Sarkozy dans les colonnes de *Valeurs Actuelles* le 7 mars a cependant un peu ébranlé cet unanimisme à droite, l'ancien Président, pourtant spécialiste des interventions hasardeuses dans des contextes de crise institutionnelle et militaire (en Libye et en Côte d'Ivoire) se demandant « Que fait-on là-bas ? Sinon soutenir des putschistes et tenter de contrôler un territoire trois fois grand comme la France avec 4.000 hommes ».

Gêné aux entournures par cette opération militaire en contradiction avec certains idéaux pacifistes portés par une partie du mouvement[94], EELV a adopté une motion de soutien lors de son Conseil fédéral du 19 janvier 2013, pointant l'importance de la phase de reconstruction du Mali et des mesures à prendre pour venir en aide aux populations maliennes. Les positions critiques exprimées par Noël Mamère ont été rapidement balayées par le secrétaire national du parti Pascal Durand et par le Président du groupe parlementaire écologistes à l'Assemblée, François de Rugy.

Un point de discorde est apparu au sein du parti écologiste, concernant le soutien à apporter (ou pas) au MNLA. Les pro-touareg partisans de l'autodétermination sont en effet nombreux parmi les écologistes français et européens, qui ont pour certains appuyé la stratégie de plaidoyer du MNLA jusqu'au Parlement européen. Au sein du Parlement français, une intervention du député Christophe Girard au nom du parti

94. Raphaëlle BESSE DESMOULIERES, « Mali, le malaise des écologistes sur l'intervention française », *Le Monde Blog Rouge et Vert*, 18 janvier 2013.

écologiste tentait le 27 février 2013 de relativiser le soutien apporté au séparatisme touareg, évoquant cependant des pistes institutionnelles pour la « région de l'Azawad », et concluant son intervention par un éloge du fédéralisme.

Du côté du Front de gauche, une certaine gêne dans le positionnement s'est également fait ressentir. Le PCF et le Parti de Gauche ont en effet exprimé un soutien de principe à l'opération tout en critiquant ses objectifs, la part de responsabilité de la France dans la crise, le processus décisionnel mis en œuvre tandis que la Gauche anticapitaliste s'y est opposée.

D'après le Secrétaire national du PCF, Pierre Laurent[95], « Il était logique pour [le PCF] qu'une aide réelle soit apportée aux autorités maliennes de transition. (...) Mais si l'intervention militaire engagée peut stopper une offensive djihadiste, elle ne réglera pas le problème sur le fond ni dans la durée. »

Le porte-parole du Front de gauche à l'Assemblée Nationale, François Asensi, a exprimé le même soutien de principe, assorti des mêmes réserves, lors du débat parlementaire du 16 janvier puis du débat sur les perspectives de reconstruction du Mali le 27 février. Le 22 avril, lors du vote de prolongation de l'Opération Serval, les députés du Front de Gauche ont choisi de s'abstenir, le PCF s'inquiétant en particulier d'une « implantation de longue durée » de la France au Mali.

Plus largement, les premières voix critiques qui se sont exprimées ont souligné que l'intervention directe de la France n'était pas envisagée dans la résolution

95. Vœux de Pierre Laurent du 16 janvier 2013, consultables sur le site www.pcf.fr

2085. Toutes n'ont pas condamné l'usage de la force pour bloquer l'offensive lancée sur Konna et Mopti, mais elles ont considéré que la France n'aurait pas dû aller au-delà de cet engagement (c'est le cas des points de vue exprimées par Dominique de Villepin et par le Parti de Gauche). Le Front de Gauche dans son ensemble, le NPA et LO ont également pointé aussi du doigt la guerre de type néocolonial que mène la France, mettant en avant les enjeux géostratégiques et économique comme raisons sous-jacentes de cette intervention.

Un appel à manifestation a été lancé en février 2013 dans le cadre de la Semaine anticoloniale, qui comportait un paragraphe spécifique sur la guerre au Mali dénonçant une intervention militaire française qui « invoque la lutte contre le terrorisme comme justification et s'inscrit dans la politique de la France, gendarme de l'Afrique ». Il a été cosigné par le PG, le PCF, la FASE, le NPA, LO, mais pas par EELV, contrairement aux appels à manifestation des éditions précédentes de la Semaine anticoloniale.

8. Les médias français vecteurs de la propagande de l'armée

Dans la crise malienne encore plus qu'à leur habitude, les médias français ont été, dans leur grande majorité, les porte-voix des différentes propagandes, militaires et politiques, et ont manqué à leur devoir d'amener au public les clés de compréhension du conflit. La plupart des journalistes ont épousé fidèlement les éléments de langage et la ligne des autorités françaises, y compris par leurs silences sur certains faits et éléments de contexte. Comme pour bien d'autres sujets, le « temps médiatique » ne s'est pas suffisamment intéressé à la genèse historique de la crise malienne, à ses racines. Par ailleurs, les voix maliennes rejetant l'intervention militaire étrangère n'ont quasiment eu aucun accès aux médias français.

LE DÉCLENCHEMENT DE L'OPÉRATION : LES MÉDIAS EN ORDRE DE BATAILLE

Le déclenchement de la guerre au Mali a pris de court les médias français. Ne disposant au départ d'aucun journaliste sur place, ils se sont d'abord bornés à reproduire docilement la communication gouvernementale – et ont participé à l'union sacrée en faveur de l'action du gouvernement. En parallèle, les trois premiers jours, la « présidentialisation » de François Hollande a occupé une grande partie des commentaires politiques des journalistes, éditorialistes, experts, chroniqueurs découvrant en lui un « chef de guerre ».

Il fallait en tout cas beaucoup d'efforts pour faire la distinction entre la communication du pouvoir et les commentaires journalistiques, qu'il s'agisse de la légalité, de la légitimité, des motivations ou du prétendu consensus international touchant à l'intervention française.

« Dans le cadre d'une résolution de l'ONU ! », ont affirmé à l'unisson tous les journaux, avant de se rendre compte un peu tard que le gouvernement lui-même ne prétendait pas avoir agi dans le cadre de la résolution 2085 qui n'autorisait qu'une « force internationale sous conduite africaine » – la Misma, qui se faisait attendre.

En quête d'un argumentaire plus solide, certains médias ont alors signalé l'existence d'un accord de défense entre la France et le Mali. Une hallucination partagée entre autres par *LeMonde.fr* (« Mali : l'opération 'Serval' est-elle légale ? », 14 janvier), ou des « experts » tels que Philippe Migaux (3D, France inter, 20 janvier) et par des politiques comme le député UMP Patrick Ollier (France culture, 14 janvier). Selon Vincent Jauvert, du *Nouvel Observateur* (18 janvier), ce sont « les officiels français [qui] laissent courir cette rumeur ». Car entre la France et le Mali, il n'existe qu'un accord de coopération militaire datant de 1985, dont l'article 12 du chapitre 4 précise que « le présent accord de coopération exclut toute possibilité de stationnement d'unités constituées des Forces armées françaises sur le territoire malien. »

Acrimed (Action-Critique-Médias) a analysé la couverture de la guerre au Mali par les journaux télévisés de TF1[96] pendant la première semaine de l'opération française. L'association relève une absence totale de mise en contexte de la guerre, la reprise sans recul de tous les éléments de la communication gouvernementale. Le site *Arrêt Sur Image* qui a aussi fourni un travail de qualité sur la couverture média de l'Opération Serval, confirme cette analyse. Commentant les images du journal de France 2, Daniel Schneidermann écrit : « Dans cette guerre sans images (le front proprement dit étant interdit à la presse), comment illustrer les longues reprises des communiqués et des confidences de l'état-major ? Avec des images d'archives. Il en existe de plusieurs sources. Ainsi, une courte séquence de musulmans en prière était bien identifiée comme 'images de propagande Internet', tandis que les nombreuses images fournies par l'armée française des exploits techniques des Jaguar et autres Mirage, n'étaient identifiées 'images de l'armée française' qu'avec de longues secondes de retard. Ce bégaiement était comme un aveu: les images de l'ennemi sont, par définition, des images de propagande. Les nôtres ne sont que d'innocentes images d'illustration, transparentes comme de l'eau de source. »[97]

Les médias français n'ont pas tellement eu besoin d'être poussés pour se déchaîner contre « l'ennemi ». Ainsi, alors que le Conseil Français du Culte Musulman saluait dans un communiqué le fait que François Hollande a pris soin d'éviter « de qualifier d'islamistes les éléments terroristes visés par l'intervention », les

96. Blaise MAGNIN, Henri MALER, « Guerre au Mali : les JT de TF1 en première semaine », *Acrimed*, 23 janvier 2013.
97. Daniel SCHNEIDERMANN, « Mali : propagande supersonique », *Arrêts sur image*, 14 janvier 2013.

journaux français ne se sont pas vraiment embarrassés de cette précaution, alimentant allègrement l'amalgame entre le terrorisme et l'islam. Peu importe que la quasi totalité des Maliens soient musulmans ou que plus de 90% des victimes des attentats terroristes dans le monde soient musulmanes.

La frénésie des médias en guerre est génératrice de nombreuses erreurs journalistiques, d'autant plus quand ils sont abreuvés quasi exclusivement des sources gouvernementales en pleine opération de communication.

Au lancement de l'opération, ne voulant pas présenter l'image d'une France isolée dans cette guerre (alors que le gouvernement avait toujours exclu une intervention unilatérale), plusieurs dépêches ont fait état du déploiement des « forces occidentales ». Le Figaro affirmait même le 11 janvier 2013 que la France intervenait en collaboration avec des troupes allemandes[98], allant jusqu'à faire figurer sur une carte du Mali un drapeau allemand. Sur Twitter, devenu depuis longtemps un outil de travail pour la profession, bien des journalistes français ont donné foi à cette rumeur, malgré les démentis du gouvernement et de la presse allemande, par confiance envers les collègues d'après ce que certains.

Soucieux de défendre la légalité de l'intervention française, bien des éditorialistes ont affirmé que l'opération s'inscrivait dans le cadre des résolutions de l'ONU[99]. (Voir chapitre suivant).

---

98. Thierry OBERLE, « Mali : des forces françaises et allemandes », *Le Figaro*, 11 janvier 2013.
99. Cf. Chapitre 9.

LA MANŒUVRE MÉDIATIQUE DE L'ARMÉE

L'armée française organise parfaitement sa communication. Elle coupe dans un premier temps tout accès aux zones de combat des journalistes, qui n'ont été abreuvés que par les images fournies par l'armée. Ils pratiquent le «journalisme de remplissage» dénoncé par Acrimed, avec ce qu'ils ont à se mettre sous la dent. Ainsi, une émission de France 5, *Médias le Mag* consacrée le 11 mars 2013 au traitement médiatique de l'intervention relève par exemple que les mêmes vidéos qui servaient à TF1 pour illustrer l'offensive de l'armée française dans le massif des Ifoghas ont été reprises en boucle quelques jours plus tard pour la mort du quatrième soldat français à plus de 300 kilomètres de là. Dans cette émission, le journaliste Thomas Hofnung, interrogé sur les sources à partir desquelles les journalistes travaillaient, indiquait «il y a l'armée, qui fait sa communication, il y a les sources locales, les sources touarègues, notamment», et qu'il fallait parfois recouper avec Paris, en appelant l'état-major. S'il est question des Touareg du MNLA, avec lequel l'armée française est ouvertement alliée, autant dire que ces sources proviennent toutes du même camp.

Quelques journalistes ont cependant protesté contre les difficultés posées aux journalistes, et le manque de pugnacité de certains confrères. Dans la même émission Laurent Hamida, indiquait «le journaliste doit faire soit un reportage sur l'armée, donc là c'est autre-chose, faut travailler et collaborer avec l'armée, soit vous faites un reportage sur un pays, une situation ou des gens et là vous êtes indépendant. [...] Aujourd'hui je vois des confrères qui pleurent parce que l'armée veut pas les prendre, je trouve ça désolant. » Jean-Paul Mari, l'envoyé spécial du *Nouvel Observateur* a, comme quelques autres, protesté ouvertement contre les obstacles mis par les armées malienne et, surtout, française à leur travail[100]. Il dénonce : « La faute aux Maliens ? Ben voyons...Quant on sait le rôle de la France aujourd'hui, ici, on imagine mal que cela puisse se faire contre sa volonté. Retour à la case départ à Bamako, donc. Pour quoi faire ? Une visite de la base militaire à l'aéroport, des communiqués officiels et... pour le reste, voyez directement à Paris pour les autorisations ou les informations. (...) Résultat : une guerre sans images, sans bilan et surtout sans information contradictoire sur le terrain. Une guerre sans faits. ». De même pour Gérard Grizbec, de *France Télévisions*, « l'armée malienne a reçu des consignes fortes de la part des forces françaises : il ne faut pas se laisser dépasser par les journalistes. L'armée n'a peut-être pas intérêt à montrer ce qu'il se passe. »[101]

Dans les premières semaines, la situation est telle que *Reporters Sans Frontières* a dénoncé à plusieurs reprises ce qui s'apparente clairement à une opération de communication de l'armée française[102]. D'après l'association, « plusieurs envoyés spéciaux [ont relaté] des visites chronométrées dans des zones comparées à des plateaux de cinéma ou des parcs d'attraction ».

---

100. Jean-Paul MARI, « Mali : les bonnes vieilles habitudes... », *Le Nouvel Observateur*, 16 janvier 2013.
101. « Mali, nous regardons cette guerre avec des lunettes françaises », *Francetvinfo.fr*, 16 janvier 2013.
102. *Reporters sans frontières*, « Communiqué - RSF demande le libre accès des journalistes aux zones de combats », 16 janvier 2013 ; « « Zéro image de combat » : objectif médiatique atteint pour l'Opération Serval », 15 février 2013.

Quand l'armée a finalement autorisé les premières équipes à les accompagner au front, seuls les grands médias, exclusivement français ont été du voyage. Les autres médias et les médias maliens n'ont, eux, pas eu cette opportunité.

Mais ces quelques protestations n'empêchent pas une tonalité tout à l'avantage de l'armée française dans le traitement de l'information. Les médias ont par exemple tout à fait joué le jeu pour montrer les foules en liesse chantant les louanges de la France et la visite triomphale de François Hollande au Mali. Il se peut même que la rareté organisée par l'armée française favorise la docilité médiatique. En la matière, les aveux sont rares parmi les journalistes, mais Hervé Ghesquière, a raconté fin 2012 que « pour qu'il aille avec Taponier en Afghanistan [...] son directeur Paul Nahon et son rédacteur en chef Lionel de Coninck ont dû promettre un 'tribute to the troops, un beau reportage en l'honneur des troupes'. 'Si on ne fait pas ça, ajoute-t-il, se ferme la double porte du ministère de la Défense et de l'état-major'. »[103]

Un dernier exemple illustre de manière édifiante cette convergence entre le traitement médiatique et la communication de l'armée. Il s'agit de la manière dont est présentée la principale force supplétive de l'armée française : les troupes tchadiennes. Dans les journaux français on trouve souvent une réserve plus qu'une critique, timide mais avec toujours les mêmes mots : « les règles d'engagement des Tchadiens » sont « différentes des nôtres », voire « pas toujours très respectueuses des

---

103. Amaury DE ROCHEGONDE, « Le général et l'ex-otage », *Stratégies*, 18 octobre 2012.

lois de la guerre édictées en Occident »[104]. Ce lexique, directement issu du langage militaire est un euphémisme honteux pour couvrir des troupes dont les crimes sont connus et amplement documentés ... mais dont l'armée française a trop besoin pour se permettre qu'elles soient mises en cause.

PAROLES D'EXPERTS

Enfin, comme pour bien d'autres sujets, les médias français s'appuient sur un nombre restreint « d'experts » à qui ils donnent amplement la parole : Antoine Glaser, ancien rédacteur de *La Lettre du Continent*, Thierry Burkhard, porte-parole de l'état-major français, Mathieu Guidère, « islamologue » dont les médias oublient de dire qu'il a été employé à plusieurs reprises par le ministère de la Défense, Xavier Raufer, « criminologue » sécuritaire issu de l'extrême-droite et proche de l'idéologue Alain Bauer, ou encore Pierre Servent. Contrairement à la présentation qui était faite de lui lors de la guerre en Libye, les médias français présentent maintenant ce dernier sous une casquette plus militaire qu'auparavant[105]. Mais ils oublient encore que celui qui est désormais présenté comme un inoffensif « colonel de réserve de l'armée de terre et spécialiste des conflits armés » a été notamment conseiller du COS (Commandement des Opérations Spéciales), membre de l'état-major de la force Licorne

104. Tanguy BERTHEMET, « Le Tchad, précieux allié de la France au Mali », *Le Figaro*, 3 mars 2013.
105. Nicolas BODERAULT, « Médias et Libye – Des experts militarisés déguisés en civils : le cas de Pierre Servent », *Acrimed*, 4 avril 2011.

en Côte d'Ivoire ou porte-parole du ministère de la défense. Tous ces experts présentent évidemment comme point commun de ne jamais remettre en cause le bien-fondé de l'intervention française au Mali.

Il faut aussi mentionner différents chercheurs africanistes qui se sont décidés, face à la désinformation flagrante, à sortir de leur réserve, pour contribuer au débat en partageant leur connaissance du Mali, des rébellions touareg ou encore des mouvements religieux au Sahel. Mais plutôt que de « s'engager » dans les mouvements militants, comme le milieu universitaire l'a tant reproché à Pierre Bourdieu, ils ont pu par leurs prises de parole soutenir des contre-vérités instillées par les autorités françaises ou ont eu vite fait de jouer aux conseillers du gouvernement sur ce qu'il devrait faire au Mali[106].

De ce que les Maliens veulent faire, eux, de leur pays, il n'en sera pas question. Qu'il existe des intellectuels maliens, les médias français semblent l'ignorer, préférant donner la parole aux « experts médiatiques » français. L'écrivain et femme politique malienne Aminata Traoré, habituellement bien vue des médias, ayant l'outrecuidance d'être opposée à l'intervention militaire n'a apparemment pas intéressé les médias français, que ce soit en amont de l'intervention ou par la suite. En avril, c'est dans une indifférence médiatique quasi générale qu'elle s'est vue refuser un visa pour se rendre en France.

106. Gérard MOREAU, « Guerre au terrorisme : une opportunité pour une tutelle française et européenne renforcée », *Billets d'Afrique et d'ailleurs*, 9 février 2013.

Partie III
Habillage multilateral et cautions africaines

9. L'ONU sous influence française

Comme dans la plupart des dossiers concernant l'Afrique et surtout l'Afrique francophone, la France a mené les débats au Conseil de Sécurité depuis le mois de mai 2012. Après être parvenue à légitimer la Misma et une mission faisant usage de la force, la France a ensuite prétendu intervenir de façon unilatérale, dans un cadre multilatéral, avant de chercher à transformer la mission africaine au Mali en une force de maintien de la paix, ce qu'elle a obtenu de l'ONU le 25 avril.

Le gouvernement français s'inscrit ainsi dans la longue tradition française d'influence des institutions onusiennes, afin d'obtenir des décisions multilatérales qui servent ses intérêts avant de servir ceux des peuples, pour lesquels l'ONU a pourtant été créée.

LA FRANCE EN QUÊTE D'UNE RÉSOLUTION POUR LA GUERRE

Le 5 juillet 2012, l'activisme onusien de la France pour une intervention militaire au Mali permettait l'adoption à l'unanimité du Conseil de sécurité d'une première résolution (2056) faisant référence à la mobilisation d'une force africaine de la Cedeao. En septembre, sous les pressions conjointes de la France et de la Cedeao, le Président malien par intérim, se décidait à demander une « intervention militaire » à l'ONU. Une demande annoncée par Laurent Fabius, le ministre français des Affaires étrangères, à la veille de la réunion de haut niveau sur la situation au Sahel au siège onusien de New York.

La logique va-t-en-guerre de la France s'est illustrée ensuite par le discours belliqueux de François Hollande à l'ONU. Jusque là, l'ONU et le Conseil de sécurité avaient adopté une relative circonspection et prudence vis-à-vis d'une intervention militaire. Ainsi, l'ONU admettait le 27 septembre 2012 en Assemblée générale l'urgence de la situation au Mali mais son Secrétaire général rappelait que « toute solution militaire pour résoudre la crise sécuritaire dans le nord du Mali devrait être envisagée avec une extrême prudence »[107].

L'insistance de la France a débouché le 12 octobre sur l'adoption par le Conseil de sécurité de la résolution 2071, qui témoigne de l'entrée en scène de l'Algérie appuyée par les États-Unis. Cette résolution réclamait à la Cedeao – incapable de le faire depuis des mois – des plans d'intervention militaire au nord du Mali et exigeait l'amorce d'un dialogue politique avec les groupes armés « *maliens* » ayant rompu leurs liens avec les organisations terroristes. La France s'en était officiellement réjouie car même si l'on était loin du blanc-seing qu'elle espérait pour une intervention, elle marquait une avancée de son plaidoyer pro-guerre.

Négociations, manœuvres et compromis ont abouti à l'adoption de la résolution 2085 le 20 décembre dernier, qui établit une nette distinction entre le déploiement de la Misma, sous conduite africaine et mise en œuvre dans le cadre de l'ONU et la European Union Training Mission Mali (EUTM-Mali), décidée par

107. AFP, « Mali : Ban Ki-moon incite à la prudence », 26 septembre 2012.

l'Union Européenne pour laquelle la résolution se contente de « prendre note ».

INTOX SUR LA LÉGALITÉ DE SERVAL

L'Opération Serval finalement lancée suite à une décision unilatérale de la France, à la demande du Mali, ne s'inscrivait pas dans le cadre des résolutions de l'ONU. Les résolutions de 2012 ouvraient la voie à une intervention internationale sous responsabilité africaine et pouvant faire usage de la force, donc officiellement sans implication directe des militaires français. Tout bonnement, la France a mis ses « partenaires » devant le fait accompli, en laissant une fois de plus croire qu'elle mettait en œuvre une volonté multilatérale actée au sein de l'ONU.

Pour contrer les critiques, les autorités françaises se sont empressées d'informer le Conseil de sécurité dès le début de l'intervention, en arguant du fait que celle-ci « s'inscrit dans le cadre de la légalité internationale ». De manière inédite, elles ont mis en avant l'article 51 de la charte de l'ONU qui mentionne « le droit de légitime défense, individuelle ou collective, dans le cas où un membre des Nations unies est l'objet d'une agression armée ». Une première qui légitimera par avance tous les conflits à venir s'il fait jurisprudence. Mais sur le terrain du droit, la validité de cet argument est extrêmement contestable : « ce droit à la légitime défense collective peut s'exercer jusqu'à ce que le Conseil de sécurité ait pris les mesures nécessaires pour maintenir la paix et la sécurité internationales : or, les mesures avaient déjà été prises par le Conseil de Sécurité et plaçaient tout appui des États membres dans le cadre de la Misma»[108]. Vu sa fragilité, l'argumentaire a donc été rapidement remisé au profit d'une autre acrobatie rhétorique du ministère des Affaires étrangères: si on a violé la résolution 2085, ce serait pour la rendre plus vite applicable. Mais on avait déjà vu, en Libye ou en Côte d'Ivoire, comment les résolutions de l'ONU ont été interprétées de manière très élastique par la diplomatie française.

En avril 2011 en Côte d'Ivoire, les soldats, «sous le paravent d'une légitimité onusienne très discutable et toujours sous commandement opérationnel français, contribuent à imposer par les armes à un pays déchiré son nouveau Président. Les bombardements du palais présidentiel et de la Radio Télévision Ivoirienne par les hélicoptères français, outre leur côté particulièrement symbolique, outrepassent le mandat onusien» qui était la «protection des civils ivoiriens» et l'«interdiction des armes lourdes»[109]. En Libye, le mandat de l'ONU dont se sont servis la France et l'OTAN pour intervenir concernait la responsabilité de protéger.

La France a également prétendu agir à la demande du Conseil de sécurité, qu'elle avait fait réunir le 10 janvier d'urgence, obtenant de lui une déclaration à la presse. Alors que de nombreuses déclarations du Conseil de sécurité sont remisées aux oubliettes, les autorités françaises ont considéré que celle-ci valait presque pour une résolution.

---

108. Interview de Bérangère Rouppert sur le blog de Jean-Marie Collin, 16 janvier 2013.
109. Communiqué de presse de Survie, «Côte d'Ivoire: la guerre et l'ingérence militaire soulignent et aggravent l'échec de la France et de l'ONU», 6 avril 2011.

Le journaliste Matthew Russell Lee d'*Inner city press* a également souligné le fait que la résolution 2085 comporte une clause de validation de la mission : à son paragraphe 11, il est précisé que le Conseil de sécurité « prie [le Secrétaire général] également de confirmer à l'avance que l'offensive prévue satisfait le Conseil ». Bien sûr, il n'en a rien été.

Le cavalier seul de la France est d'ailleurs à l'image du peu de crédit qu'elle a accordé aux institutions et représentants onusiens depuis le début de la crise malienne, critiquant à demi-mot leur action et se démarquant clairement de leurs prises de parole. Fin 2012, alors que les représentants de l'ONU parlaient d'une échéance à l'automne 2013 pour l'intervention, les autorités françaises répétaient à l'envi qu'elle aurait lieu au premier trimestre 2013, montrant ainsi bien qui était maître du calendrier.

Une fois l'Opération Serval lancée, les autorités françaises ont cherché à l'inscrire au plus vite dans une forme de légalité internationale. C'est ce besoin qui explique l'empressement des autorités françaises pour l'arrivée de soldats de la Cedeao : une fois que des troupes africaines sont arrivées sur place, elles ont pu plus légitimement prétendre agir dans le cadre de la résolution 2085. On peut ainsi lire sur le site du Ministère de la Défense du 13 au 18 janvier 2013 que « Le 11 janvier 2013, à la demande des autorités maliennes et de l'ONU, la France a lancé une opération militaire en appui des forces armées maliennes baptisée Serval. ». A partir du 18 janvier et l'arrivée de 50 soldats togolais, le site a annoncé que l'intervention était « initiée à la demande du gouvernement malien, et dans le cadre de la résolution 2085 ».

10. La Cedeao, caution africaine de l'intervention

La Misma (Mission internationale de soutien au Mali), prévue dans le cadre dè la résolution 2085 de l'ONU a officiellement commencé à se déployer au Mali le 17 janvier 2013, après plusieurs jours d'intervention militaire de la France hors cadre multilatéral. Au mois d'avril 2013, 11 pays de la Communauté économique des États d'Afrique de l'Ouest (Cedeao) avaient déployé des hommes, ainsi que le Tchad dont les troupes ont été intégrées *a posteriori* à cette mission.

La mise en avant du rôle de la Cedeao dans les négociations, puis de celui des armées africaines au lendemain du début de l'Opération Serval, s'est avant tout avérée pour la France la recherche d'une « caution africaine » d'une intervention dans laquelle l'armée française a tenu et tient de bout en bout la direction des opérations. Cette influence politique de la France sur l'organisation régionale qu'est la Cedeao, pour défendre ses propres intérêts, est une constante historique qui contribue à discréditer cette organisation aux yeux de nombre d'Africains.

UNE DIPLOMATIE PRO-INTERVENTION AVEC LES « AMIS » DE LA CEDEAO

Pour mener à bien sa stratégie diplomatique en faveur d'une intervention armée, la France a pu s'appuyer sur nombre de dirigeants des pays de la Cedeao, pour la plupart illégitimes car arrivés et maintenus au pouvoir par les armes et-ou par des élections truquées. Même si une relative distance s'est imposée dans ce dossier vis-à-vis de l'«ami» Blaise Compaoré, dictateur du Burkina Faso, elle a pu compter sur le zèle du Président ivoirien, Alassane Ouattara, qui lui est redevable de son installation par la force au pouvoir et a clairement intérêt au renforcement de la présence militaire française dans la région. Elle a aussi pu compter sur la caution de Mahamadou Issoufou, Président démocratiquement élu au Niger et très proche de la France et de ses intérêts uranifères. La diplomatie française a également été très active pour faire relayer son positionnement par d'autres partenaires africains, comme le Sénégal.

Le travail diplomatique intense avec ces pays, entre autres, a été rendu visible par les visites de ces chefs d'État en France en 2012 : Mahamadou Issoufou en juin 2012 et novembre 2012 appelant à une intervention le plus rapidement possible[110], Alassane Ouattara en juillet 2012, Blaise Compaoré en septembre 2012.

LES ARMÉES NON OPÉRATIONNELLES DE LA CEDEAO

Alors qu'elle n'avait guère prêté attention à la situation du Mali avant le putsch du mois de mars et l'accélération de la prise du Nord par les groupes armés qui s'en est suivie, la Cedeao n'a ensuite cessé de marteler qu'elle avait l'arme au pied et que ses plans militaires étaient prêts. Pendant ce temps, la France a poussé au maximum l'adoption d'une résolution entérinant une

110. Conférence de presse à l'Élysée de Mahamadou Issoufou du 15 novembre 2012 suite à son entretien avec François Hollande.

intervention de la Cedeao sous l'égide de l'ONU, sans mettre en garde sur les faiblesses des troupes des pays qui la composent.

Pourtant, tous les observateurs savaient bien que cette organisation n'était pas en mesure de mobiliser une quelconque force de façon autonome, encore moins avec un commandement intégré. La France en particulier était bien au courant, du fait de ses contacts privilégiés avec les dirigeants des pays concernés, de sa coopération et de sa présence militaire dans la région et de ses programmes de formation.

Il n'est à ce titre pas superflu de rappeler que le programme français *ReCAMP* créé en 1997 et placé sous l'égide de l'ONU, vise à accroître les capacités militaires des pays africains à conduire, lorsqu'ils le désirent, des actions de maintien de la paix conjointes[111]. Ce programme n'a apparemment pas permis une autonomisation des forces militaires des pays bénéficiaires malgré les millions d'euros investis. Le même constat est tiré par l'administration américaine qui a investi 600 millions de dollars dans la formation des armées de la région et semble le regretter publiquement aujourd'hui.[112]

De son côté, sans doute la France n'a-t-elle aucun intérêt à ce que ces armées soient autonomes et fortes, car cela permet de justifier la présence militaire française en Afrique et des opérations françaises comme celle menée au Mali, dans laquelle son armée a le rôle central.

---

111. Voir le site www.un.int
112. Adam NOSSITER, Erik SCHMITT, Mark MAZZETTI, «French Strikes in Mali Supplant Caution of U.S.», *New York Times*, 13 janvier 2013.

Dans la guerre au Mali, la Misma, qui a été déployée dès l'intervention française lancée semble plutôt jouer un rôle formel de figuration qu'un rôle opérationnel. Si certains États ont été proactifs dans l'envoi de troupes au Mali, comme le Niger et le Togo, pour des raisons différentes, il semble que le déploiement de forces des certaines armées africaines de la zone se soit fait sous pression de la France.

Au lendemain de la promesse du Sénégal d'envoyer des soldats au Mali, des voix se sont élevées pour évoquer des pressions qu'aurait pu exercer la France sur le Sénégal, parmi lesquelles celle de la députée Aïda Mbodj, Présidente de la Commission Défense et sécurité de l'Assemblée nationale sénégalaise : « Ca sent un parfum de pressions exercées par la France sur le Sénégal, pour que Macky Sall daigne enfin bouger. La preuve, c'est jeudi dernier que le Président français l'a joint au téléphone et son ministre des Affaires étrangères le dimanche passé, avant que le chef de l'État ne décide à envoyer nos soldats »[113].

L'IMPLICATION DANS LA MISMA, UNE AUBAINE POUR LE TOGO

Pour des régimes en mal de légitimité, la participation à l'intervention est une aubaine. Ainsi en est-il du régime togolais. Le Président Faure Gnassingbé est le premier à envoyer des hommes, promet d'engager à terme plus de 800 soldats togolais engagés dans la Misma et mobilise pour l'opération début février

113. « Envoi de soldats sénégalais au Mali sur fond de pressions françaises (...) », Actusen.com, 16 janvier 2013.

2013, la somme de 500 millions de francs CFA soit 762.000 d'euros, selon un site togolais[114]. L'arrivée de 50 soldats togolais au Mali le 17 janvier 2013, est annoncée avec force voix par les médias et la communication officielle française, comme étant le début du déploiement des forces de la Cedeao, sans faire référence aux antécédents de cette armée ni à la situation sociale et politique togolaise.

Pendant que les regards sont braqués sur le Mali où il a envoyé des hommes, le dictateur togolais en profite pour essayer de casser les mouvements d'opposition par une répression accrue : augmentation des violences dans les manifestations, arrestations arbitraires d'opposants sur des accusations montées de toutes pièces[115]. Dirigées par le colonel Yark Damehane, ministre de la Sécurité, les forces de sécurité togolaises ont une longue expérience en la matière, notamment la gendarmerie (et son service de renseignement et d'investigation)[116].

En effet, Faure Gnassingbé veut faire taire l'opposition qui conteste notamment la préparation et le découpage électoral pour les élections législatives, reportées *sine die* après avoir été annoncées pour le 24 mars 2013[117]. Nul doute que la diplomatie française ne sera pas trop regardante sur celles-ci avec un pays qui a accepté d'intervenir à ses côtés au Mali.

---

114. «Le coût de l'engagement militaire du Togo au Mali», *Site Mo5.com*, 2 février 2013.
115. «Togo: les experts français à Lomé, Agbéyomé Kodjo interpellé», *RFI*, 19 janvier 2013.
116. «Togo, SRI, le nouveau visage de l'ANR», *Peuples observateurs*, 23 mars 2013.
117. «La démocratie, victime collatérale du conflit malien», *Billets d'Afrique et d'Ailleurs*, février 2013.

LA « MÉDIATION » DE BLAISE COMPAORÉ

Le Président burkinabé Blaise Compaoré, arrivé au pouvoir par le renversement et l'assassinat de Thomas Sankara en 1987, a une longue expérience de déstabilisation politique et militaire acquise suite à ses ingérences en Sierra Léone, au Libéria et en Côte d'Ivoire. En octobre 2009, un rapport de l'ONU pointait le réarmement des rebelles ivoiriens à partir du Burkina Faso[118], en contradiction avec les accords de Ouagadougou, pourtant signés sous la médiation de Blaise Compaoré.

Lors d'un sommet extraordinaire le 27 mars 2012, la Cedeao, dirigé par Alassane Ouattara, décide pourtant dans un même mouvement de condamner le coup d'État qui venait d'avoir lieu au Mali et de nommer Blaise Compaoré comme « médiateur dans la crise malienne ».

Cette nomination est d'autant plus malvenue qu'elle intervient dans un contexte politique interne particulier au Burkina Faso. A la suite de la mort de plusieurs collégiens, un vaste mouvement de protestation a traversé tout le pays au premier semestre 2011, ciblant notamment les locaux de la police et de la gendarmerie. Ce mouvement s'est doublé d'une très grave mutinerie qui aboutit à l'exclusion de plus de 500 militaires. Cette même année, une nouvelle tentative de modifier l'article 37 de la Constitution, pour permettre à Blaise Compaoré de se représenter aux élections de 2015, échoue et débouche sur une tentative de promouvoir son petit frère, François

118. Rapport téléchargeable sur le site http://blaisecompaore2015.info

Compaoré, pourtant impliqué dans l'assassinat du journaliste Norbert Zongo, en 1998, comme successeur potentiel.

L'après-Blaise se prépare-t-il également en France ? Plusieurs déclarations de Juppé et de Sarkozy avant la défaite électorale de l'UMP, avaient laissé entendre qu'après 25 ans, il était temps que le Burkina se dote d'un nouveau Président. Si Laurent Fabius déclarait en juillet 2012 lors d'une conférence de presse à Ouagadougou : « La France et le Burkina Faso sont amis de longue date. Les relations entre nos gouvernants sont excellentes. », un communiqué de l'Élysée du 18 septembre 2012 évoquait de façon subliminale des « principes de dialogue et de franchise qui doivent guider les relations entre la France et le Burkina Faso », indiquant une forme de lassitude face à un régime au pouvoir depuis plus de 25 ans.

Du côté malien, dès la première médiation d'avril 2012, à laquelle il avait convoqué les représentants du Mali, différentes partis et autorités religieuses, Blaise Compaoré a été récusé par l'ensemble des présents, à part les membres du FDR (Front uni pour la Sauvegarde de la Démocratie et de la République du Mali), organisation créée pour s'opposer au putsch mais qui regroupe aussi la plupart des partis responsables de la crise grave dans laquelle se trouve le Mali. Beaucoup refusèrent de se déplacer aux réunions qui suivirent. Par la suite, la contestation de Blaise Compaoré n'a fait qu'empirer.

RÉCIT DE LA MÉDIATION CONTESTÉE DE COMPAORÉ À LA CONFÉRENCE DE OUAGADOUGOU

« D'entrée de jeu, Compaoré prit les commandes dans la crise malienne en toute assurance, comme à l'accoutumée sans demander l'avis des premiers concernés, les Maliens. Il les convoqua à Ouagadougou, échaudé par l'activisme de certains jeunes Maliens qui firent peur aux dirigeants de la Cedeao mandatés pour venir dicter la pax africana décrétée sous l'égide internationale. C'était mal connaître les Maliens.

La Conférence de Ouagadougou fut un coup rude pour lui. Des intervenants lui firent savoir qu'il n'avait aucun mandat du Mali, qu'il n'en n'était pas le Président et que les problèmes maliens ne pouvaient être réglés qu'au Mali et entre Maliens. La brutalité des propos largement approuvés par les participants, l'énerva au point de suspendre brutalement les débats. Son désarroi fut total.

Changement de tactique quatre heures plus tard avec un projet de déclaration concocté et servi par son homme à tout faire, le ministre des Affaires « étranges », Compaoré ayant pris la précaution de ne pas paraître à la reprise, échaudé par le comportement des Maliens. La réplique fut de nouveau cinglante. Les participants exigèrent une version écrite et présentèrent tellement d'objections que le projet fut retiré avec la promesse de revoir la copie. Cela donna lieu à une seconde longue suspension.

La seconde reprise fut un art dans la duperie. Sans présentation préalable de la version définitive ni débat, une déclaration dite déclaration de Ouagadougou fut lue à la clôture devant la presse internationale conviée et en présence du médiateur autoproclamé. Ce document dif-

fusé ne comportait aucune signature des participants maliens.
Ulcérés par la méthode Compaoré, les Maliens dans leur écrasante majorité refusèrent de répondre à la seconde convocation du Burkina Faso quelques semaines plus tard, infligeant à son médiateur un second camouflet. Fauteur de guerres, complice éternel des convoitises et guerres impérialistes, Blaise Compaoré est apparu tout nu dans la médiation malienne, démasqué à la fois comme un assassin des peuples, un trafiquant en tous genres et un vulgaire pantin des occidentaux. »

Témoignage de l'ancien ministre malien,
le Pr. Issa NDIAYE.

Alors que les Maliens estimaient que les choses devaient se régler entre Maliens, Blaise Compaoré et son ministre des Affaires étrangères Djibril Bassolé n'ont eu de cesse de légitimer Ansar Dine et le MNLA comme partenaires dans la négociation. Le 26 juin 2012, le chef du MNLA en déroute à Gao, Bilal Ag Chérif a eu la vie sauve grâce à son évacuation en hélicoptère par l'armée burkinabè. Une partie des dirigeants du MNLA se sont ensuite réfugiés à Ouagadougou et y ont même tenu le congrès de leur mouvement en janvier 2013. Leur situation s'est compliquée depuis que le parquet de Bamako a lancé des mandats d'arrêt contre eux, comme d'ailleurs contre les dirigeants d'Ansar Dine et du Mujao.

Des informations évoquent la duplicité du Burkina Faso dans la crise malienne : « selon les services de renseignements français, des armes auraient récemment été livrées, via le Burkina Faso, au Mouvement pour l'unicité et le jihad en Afrique de l'Ouest (Mujao), implanté dans la région de Tombouctou, au Mali. » peut-on lire sur le site de Jeune Afrique le 5 septembre 2012[119] suivi d'une autre information tout aussi importante : « lors de son dernier séjour parisien, en août, Djibrill Bassolé, le ministre burkinabè des Affaires étrangères, a proposé à l'Élysée et au Quai d'Orsay la médiation du Qatar dans la crise au Nord-Mali. », alors que le Qatar pourrait être un des financiers des groupes armés qui sévissent dans la région.

Fin 2012, les chances du maintien d'une médiation de la part de Blaise Compaoré se sont amoindries. Même la France s'est montrée sceptique si l'on en croit cette déclaration de Laurent Fabius « Les médiateurs chargés du dossier sont le Président du Burkina Faso et son ministre des affaires étrangères, homme très intelligent mais qui croit encore possible de dégarnir les rangs d'Ansar Eddine par la négociation. »[120]. Et l'attaque sur Konna, le 9 janvier, a sonné le glas des tentatives de légitimation d'Ansar Dine de la part du pouvoir burkinabè.

Au Mali, Blaise Compaoré semble avoir échoué dans sa quête de leadership diplomatique régional et dans son entreprise d'auto légitimation comme l'homme sage de la région pour la résolution des conflits.

119. « Sahel, qui livre des armes au Mujao », *Jeune Afrique*, 5 septembre 2012.
120. Audition de M. Laurent Fabius par la Commission des Affaires étrangères de l'Assemblée nationale, le 24 décembre 2012.

LES HOMMES DU MÉDIATEUR, UN RÉSEAU TROUBLE

Pour jouer son rôle de « médiateur » Blaise Compaoré a pu compter sur son ministre des Affaires étrangères Djibril Bassolé, omniprésent dans toutes les étapes de « résolution » de la crise maliennne. Il a aussi pu compter sur des collaborateurs plus discrets tels que Moustapha Ould Chafi, personnage de l'ombre mais pourtant central dans toutes négociations dans le Nord du Sahel, à qui l'on prête des liens avec les chefs d'Aqmi qui auraient contribué à la libération des otages espagnols en 2010[121] et avec lequel la France discuterait aussi pour faire libérer ses otages[122].

Par ailleurs, le nouveau pouvoir mis en place au Mali pour rétablir l'ordre constitutionnel, sous pressions internationales, a propulsé deux hommes connus pour leur proximité avec Blaise Compaoré.

Cheick Modibo Diarra, nommé Premier ministre le 17 avril 2012, ne doit pas sa carrière à Blaise Compaoré puisqu'il l'a faite comme directeur de la NASA aux USA, puis à la tête de Microsoft Afrique, mais il exerce des responsabilités dans plusieurs structures liées à des proches du Président burkinabé, l'Alliance francophone et le CISAB (Conseil International de Solidarité avec le Burkina-Faso).

On retrouve comme ministre des Affaires étrangères du premier gouvernement malien nommé en avril 2012 un autre personnage proche de Blaise Compaoré, Sadio Lamine Sow, nommé en septembre 2012 à la primature conseiller spécial chargé des relations internationales, avec rang de ministre. Selon le rapport d'International

---

121. « L'homme qui murmurait à l'oreille des chevaux », *Jeune Afrique*, 23 septembre 2010.
122. Claude ANGELI, *Le Canard Enchaîné*, 13 mars 2013.

Crisis Group intitulé « Mali éviter l'escalade » publié le 18 juillet 2012 : « sa nomination a renforcé le sentiment d'une influence disproportionnée du médiateur (Blaise Compaoré NDA) sur la transition malienne ».

Sadio Lamine Sow a quitté le gouvernement lorsque Cheick Modibo Diarra en a aussi été évincé en décembre 2012. Un autre signe de l'échec de Blaise Compaoré dans sa tentative de placer ses hommes à des postes clés au Mali.

11. La légitimation de la dictature tchadienne

La faiblesse de l'armée malienne et des pays de la Cedeao est l'argument qui a permis à la France de justifier son insistance, depuis le mois d'avril 2012, à impliquer les forces armées du Tchad, pays qui n'est pas membre de cette organisation, dans les préparatifs d'une intervention au Mali. Cette implication des forces tchadiennes a largement contribué à repositionner le régime d'Idriss Déby, tristement célèbre pour ses violations répétées des droits humains, sur la scène diplomatique.

FRANCE ET TCHAD EN NÉGOCIATIONS

Malgré le besoin du Président tchadien de revenir en grâce, il semble que la France ait dû user de force négociations pour que Déby accepte de participer à l'intervention.

Interrogé en juillet 2012 par des représentants de Survie sur le possible recours à des soldats tchadiens, évoqué alors dans certains médias comme une rumeur, un conseiller de l'Élysée confiait que le Tchad était quasiment le seul pays disposant d'hommes formés et mobilisables sur le terrain malien, les autres grandes puissances militaires africaines (Nigeria, Afrique du Sud, Angola en particulier) étant soient réticentes soit mal placées pour intervenir au Mali. Le 12 juillet,

Jeune Afrique[123] évoquait un entretien téléphonique avec Idriss Déby dans lequel François Hollande aurait fait part du souhait de la France – ainsi que des pays de la Cedeao de mobiliser les troupes tchadiennes dans une intervention au Mali.

Laurent Fabius, en tournée en Afrique en juillet 2012 pour chercher des soutiens à la position de la France dans la lutte contre Aqmi et leurs alliés, déclarait complaisamment à Ndjamena qu'« il y a un changement de Président de la République, un changement de gouvernement, mais les relations d'amitiés demeurent. Le Tchad et la France, depuis très longtemps, ont des relations d'amitié, de partenariat. (…) »[124]. Malgré cela, quelques mois plus tard, le *JDD* du 6 octobre 2012 évoquait que le Tchad devrait être mis à contribution, à hauteur de 800 à 1.000 hommes, mais que « le Président Déby demand[ait] d'importantes compensations financières »[125].

Après des escarmouches diplomatiques entre la France et le Tchad à l'automne 2012 sur fond d'hésitations de l'Élysée à accepter de recevoir Déby à Paris (qui provoqua le boycott du sommet de l'OIF de Kinshasa par le Président tchadien, le 15 et 16 octobre 2012), l'ensemble des points de négociations paraissaient avoir été bouclés le 5 décembre 2012, au moment où Déby était finalement reçu par François Hollande à l'Élysée.

---

123. « Intervention au Nord-Mali : le « oui mais » de Déby à Hollande », *Jeune Afrique*, 12 juillet 2012.
124. Thomas NOIROT, « Deux ministres en tournée françafricaine », *Billets d'Afrique et d'ailleurs*, 4 août 2012.
125. François CLEMENCEAU, Antoine MALO, « Le Nord-Mali, guerre impossible », *Le Journal du Dimanche*, 6 octobre 2012.

Ne manquait donc plus que le déclenchement de l'opération militaire française, pour voir les soldats tchadiens entrer en action.

UNE ARMÉE DE SINISTRE RÉPUTATION

L'armée nationale tchadienne, l'ANT, est à l'image du régime d'Idriss Déby : clanique (composée majoritairement de Zaghawa, le groupe du Président), et brutale. Elle est composée de 30.000 hommes, chose exceptionnelle dans la région et est puissamment armée. Les revenus pétroliers du pays ont contribué à son réarmement, malgré les engagements pris au début de l'exploitation garantissant que ces fonds seraient consacrés à des investissements pour les générations futures[126].

Cette armée est d'autant plus rompue aux combats en milieu désertique, qu'elle a dû affronter un nombre incalculable de rebellions depuis l'arrivée au pouvoir de Déby par un coup d'État contre Hissène Habré en décembre 1990. Le maintien de ce pouvoir par la violence et la répression des opposants n'a ensuite en rien stabilisé le pays, contribuant au contraire à ce que la prise de pouvoir par les armes se présente comme la seule alternance possible, à l'image de ce que le pays a toujours connu depuis son indépendance. Les contestations, désertions et dissidences ont connu une recrudescence à partir de 2005, avec le changement opéré

126. En 2006, un protocole d'accord, signé entre le Tchad et la Banque recommande à l'État tchadien d'orienter 70% de ses dépenses budgétaires totales vers la santé, l'éducation, le milieu rural, les infrastructures et les services sociaux.

par le régime dans la Constitution afin de permettre à Déby de se représenter à l'élection présidentielle.

PARTENAIRE HISTORIQUE DE L'ARMÉE FRANÇAISE

L'armée tchadienne est aussi un partenaire historique de l'armée française, à laquelle elle doit beaucoup.

Des attaques de rebelles anti-Déby, en 2006 et en février 2008, auraient pu, sans l'aide décisive de la France, le renverser. En février 2008, les troupes françaises ont sécurisé l'aéroport de N'Djamena d'où décollaient les hélicoptères tchadiens pour éviter sa prise, déployé des forces dans la capitale, sous couvert de protection des ressortissants, guidé, grâce à leurs services de renseignement, les frappes tchadiennes, approvisionné les militaires tchadiens en carburant et munition, et peut-être participé discrètement aux combats. Déby profita de l'offensive pour faire enlever trois de ses opposants, dont l'un, Ibni Oumar Mahamet Saleh est porté disparu.

La France connaît d'autant mieux les capacités des forces tchadiennes que l'armée française est présente dans le pays sans discontinuer depuis l'« indépendance » du Tchad et qu'elle y dispose depuis 1986 d'un dispositif supposé provisoire, l'opération Épervier et ses 950 hommes. Les forces tchadiennes ont également été utilisées comme forces supplétives sur d'autres terrains, en République centrafricaine, au Zaïre, au Congo-Brazzaville. L'instabilité régionale, la guerre au Darfour et les conflits récurrents avec le Soudan voisin ont justifié la mobilisation de l'opération européenne EUFOR Tchad-RCA, qui n'a pourtant pas modifié les données du problème.

Les dirigeants français n'ignorent rien de la nature de l'armée tchadienne et de sa sinistre réputation en matière de violations des droits de l'Homme. Auditionné par la Commission de la défense de l'Assemblée nationale le 20 février, le ministre de la Défense français, Jean-Yves Le Drian évoquait ainsi la difficulté à faire admettre un tel contingent dans une opération de maintien de la paix de l'ONU: « Leur intégration à la Minuma dépendra du souhait du Président Idriss Déby, mais également de la capacité des forces tchadiennes à satisfaire aux critères de l'ONU en matière de compétence, mais également de moralité et de respect du droit. En attendant la résolution de l'ONU, puis sa mise en œuvre, cette question reste en suspens »[127].

Quelques semaines plus tard, le 26 avril, interviewé par *RFI* à la veille d'un déplacement à N'Djamena, le même ministre se voulait plus clair sur son soutien à l'implication tchadienne dans la Minusma, soutenant même la revendication tchadienne de diriger cette force. « Nous souhaitons que les Tchadiens fassent partie de la future force des Nations unies. Ils ont montré leur courage, leur détermination, leur compétence aussi. C'est une force armée structurée, bien organisée. Leur place est donc évidemment au sein de cette force des Nations unies qui va se mettre en place. S'ils demandent à diriger cette force, nous n'y voyons pas

127. Le compte-rendu est accessible sur le site de l'Assemblée nationale.

d'inconvénient. (...) Vous allez appuyer la demande du Tchad auprès de l'ONU ? C'est tout à fait ça. »[128]

LE TCHAD EN PREMIÈRE LIGNE MILITAIRE ET MÉDIATIQUE

Le Tchad a envoyé ses premières troupes dès les premiers jours de l'opération, avec l'appui logistique de la France, faisant monter son contingent jusqu'à un total de 2.000 hommes.

Ces troupes ont été rattachées dans un premier temps au dispositif militaire français et non à celui de la Cedeao, ce qui a valu la qualification d'« opérations franco-tchadiennes ». Le rattachement à la Misma n'a été opéré que le 11 mars. Début avril, 5 officiers tchadiens intégraient l'état-major de la Misma.

Une fois les troupes tchadiennes arrivées sur le terrain, peu de commentateurs français ont évoqué la nature du régime tchadien et le passif de ses troupes en matière de violation des droits humains, de recrutement d'enfants soldats, préférant vanter le professionnalisme et l'ardeur combattante de ces soldats et l'appui de poids qu'ils pouvaient apporter à une armée française bien esseulée sur le terrain[129].

Évoquant l'engagement des soldats tchadiens dans le massif des Ifoghas, Jean-Philippe Rémy décrivait avec lyrisme dans Le Monde du 1er mars 2013 des soldats « qui aiment tant les charges héroïques pied

---

128. Interview de Jean-Yves Le Drian à Christophe Boisbouvier du 26 avril 2013. www.rfi.fr
129. Notons toutefois l'article d'analyse publié sur le site de RFI le 19 janvier 2013.

au plancher en milieu découvert, qu'ils appellent 'la guerre au Sahara', menée à bord de leurs pick-up chargés jusqu'à la gueule de guerriers, de fûts d'essence et de munitions, tirant au RPG à bout portant sur l'ennemi ».

Les faits d'armes supposés des soldats tchadiens dans le Nord du pays à la fin du mois de février, en très étroite collaboration avec l'armée française, mais sans l'armée malienne ont permis de braquer les projecteurs sur ces hommes et leur chef, Idriss Déby, qui n'avait jamais connu une aussi forte visibilité médiatique.

Peu de journalistes ont révélé le fait que le commandant en second des troupes tchadiennes au Mali nommé par Déby n'est autre que son propre fils, Mahamat Idriss Déby Itno, âgé de 29 ans seulement, qui aurait été envoyé sur le terrain pour « apprendre de l'armée française ».

Ils n'ont pas été plus nombreux à enquêter sur d'éventuelles exactions commises par ces soldats peu habitués à respecter les conventions de guerre et à faire de prisonniers.

Il est vrai que les forces tchadiennes se sont distinguées par leur présence active dans les zones de combat du Nord du pays, aux côtés des troupes françaises, notamment dans les zones « interdites » aux soldats maliens. Leur engagement dans les zones les plus risquées et le tribut en vies humaines payé le 22 février dans l'Adrar de Tighargâr (27 morts tués dans une embuscade) ont contribué à apporter un certain prestige à ces troupes auprès de l'opinion malienne et des médias africains.

Outre la justification de l'opération française Épervier, cette mobilisation du Tchad permet à ce régime dictatorial et à son armée de redorer leur blason à l'international. Idriss Déby est intervenu à de nombreuses reprises dans les médias pour donner son avis sur les choix tactiques et militaires déployés au Mali.

« L'heure n'est plus aux discours (...) mais plutôt à l'action, l'ennemi n'attend pas », déclarait ainsi le Président tchadien le 27 février lors de l'ouverture d'un sommet de chefs d'États de la Cedeao à Yamoussoukro. « Nous appelons l'état-major de la Cedeao à plus de célérité en accélérant l'envoi des troupes dans la zone libérée », a-t-il dit, ajoutant à l'attention des soldats maliens que « votre place est au front ».

Les 28 février, le Tchad annonce la mort de deux des principaux responsables des djihadistes armés Abou Zeid et Moktar Belmoktar, dit « Le Borgne », un ancien de la Guerre en Afghanistan, du GIA algérien et du GSPC, chef supposé de l'attaque de l'installation gazière de In Amenas en Algérie quelques jours après le déclenchement de Serval. Cette montée au créneau médiatique de Déby a pu apparaître, du moins au début, comme une tactique validée avec les responsables français ne souhaitant pas revendiquer ce fait d'armes au nom de l'armée française pour ne pas aggraver le risque de représailles contre la France, notamment contre ses otages. La consultante Anne Giudicelli déclarait ainsi dans plusieurs médias (BFM TV, I-TV) le 3 mars : « on laisse au Tchad le privilège de communiquer. Ça s'inscrit dans la stratégie politique qui depuis le début consiste à ne pas se mettre en avant et laisser les Africains en première ligne »[130].

Pourtant, la communication autour de ces événements aura souffert de nombreuses interférences et contradictions, donnant même lieu à des passes d'armes par médias interposés entre le Président tchadien et le ministre français de la Défense Jean-Yves Le Drian sur la confirmation officielle de ces décès. Celle d'Abou Zeid n'interviendra finalement que le 23 mars par un communiqué de l'Élysée. Dans une allocution télévisuelle, François Hollande attribuera finalement le 28 mars aux forces françaises la responsabilité de cette élimination.

MANŒUVRES DIPLOMATIQUES

Cet engagement tchadien au Mali n'est évidemment pas désintéressé. Il s'inscrit clairement dans une stratégie de Déby de retrouver une position plus enviable dans le cercle des chefs d'État africains « amis de la France » où sa position ne cessait de se détériorer.

Depuis de nombreuses années, des diplomates français ne cachaient plus leur antipathie pour Déby, osant même demander à des opposants « qui ils proposeraient à la place ». Les interventions militaires françaises pour protéger Déby en 2006 et 2008, la disparition de l'opposant Ibni Oumar Mahamaet Saleh, qui a suscité la mobilisation de parlementaires socialistes français, semblaient peu à peu sceller le sort du Tchad, destiné à incarner peut être le premier chef

130. Propos retranscrits dans *Le Monde.fr* le 3 mars 2013.

d'État de la Françafrique lâché par François Hollande. Aussi, Survie se demandait en amont de la venue du despote à Paris en décembre 2012 si cette visite officielle à Paris n'était pas une partie du prix à payer par Hollande pour obtenir cette contribution militaire tchadienne.[131]

A l'occasion d'un débat organisé à Sciences Po Paris, le 1er février 2013 pour commémorer le 5e anniversaire de la disparition de l'opposant tchadien Ibni Oumar Mahamet Saleh, les proches de la victime et de nombreux opposants tchadiens et représentants d'organisations de défense des droits de l'Homme africains et français se sont interrogés ouvertement sur les effets prévisibles de ce « retour en grâce » d'Idriss Déby sur la scène diplomatique.

L'impunité des crimes d'État, qui gangrène le Tchad risque bien de perdurer sans que l'on puisse attendre beaucoup des partenaires tels que la France pour inciter le régime à modifier ses pratiques[132].

Plus inquiétant, le 21 mars, la rébellion tchadienne de l'Union des Forces de la résistance (UFR), composée de plusieurs mouvements politico-militaires et dirigée par Timan Erdimi, un neveu d'Idriss Déby qui s'est déjà illustré dans des attaques contre le régime de son oncle, annonçait reprendre la lutte armée. Cette nouvelle intervenait quelques jours avant la chute du Président centrafricain Bozizé, déposé par les rebelles du Seleka, avec le soutien d'Idriss Déby, pourtant ancien allié de Bozizé.

---

131. Communiqué de presse de Survie, « Hollande courtise Idriss Déby », 2 octobre 2012.

132. Fabrice TARRIT, « Déby redevient fréquentable, l'impunité de ses crimes demeure », *Billets d'Afrique et d'Ailleurs*, février 2013.

Mais la machine de communication pour réhabiliter Déby aux yeux de tous est en marche. Le 10 mars *Jeune Afrique* publiait un cahier spécial de 32 pages à l'honneur du Tchad, intitulé « Le Tchad en première ligne », numéro complaisamment financé par des institutions et entreprises tchadiennes, si l'on en juge par le nombre d'encarts publicitaires contenu dans ce cahier de propagande.

Le 14 avril, Idriss Déby annonçait à la surprise générale son intention de retirer ses troupes du Mali, après consultation de l'Assemblée nationale tchadienne, sur fond de négociations avec l'ONU concernant la participation du Tchad à la future opération de maintien de la paix, notamment sur les aspects financiers et sur le commandement de cette force.

12. La France, gendarme de l'Afrique pour l'Union européenne

L'Afrique est depuis plusieurs années le théâtre d'interventions militaires européennes menées dans le cadre de la Politique étrangère et de sécurité commune. La France, qui joue un rôle prépondérant dans le pré-carré africain qui lui est laissé, a pris l'initiative au niveau communautaire pour « résoudre » la crise au Mali, soutenue par les États membres qui y voient une garantie de préservation de leurs intérêts dans la région.

Au delà de son rôle de formation de l'armée malienne, la mission EUTM créée en janvier 2013 est une façon d'asseoir le rôle et la légitimité politique et militaire de l'UE et de la France sur le long terme au Mali.

ENJEUX STRATÉGIQUES POUR L'UE EN AFRIQUE ET AU SAHEL

Comme l'atteste sa Stratégie pour l'Afrique de 2005, l'Union Européenne a renforcé sa Politique étrangère et de sécurité commune (PESC) en Afrique afin d'asseoir sa prépondérance géostratégique et économique sur le continent et d'y préserver les intérêts de ses États membres. Cela se décline à travers sa politique d'aide et de développement, et son rôle diplomatique croissant, par exemple à travers le développement de ses missions d'observation électorales dans les années 2000.

Cela passe aussi par le développement de sa politique de sécurité et de défense commune (PSDC), soit l'utilisation par l'UE de moyens militaires et civils pour la prévention des conflits et la gestion des crises internationales. C'est d'abord sous l'impulsion de la France que les missions militaires européennes en Afrique se sont développées, à l'instar de trois missions – Artemis en 2003 en RDC, l'Eufor RDC en 2006, puis l'Eufor Tchad-République Centrafricaine en 2008 – qui ont servi de couverture européenne (sous mandat onusien) à des opérations menées sur le terrain (quasi) exclusivement par l'armée française, comme l'expliquait en 2009 Raphaël Granvaud[133].

Depuis, les missions européennes en Afrique se sont multipliées, pas toujours à l'initiative de la France. On en dénombre aujourd'hui huit (sur un total de seize missions) déployées en particulier de la Corne de l'Afrique au Sahel: L'UE parvient ainsi peu à peu à s'imposer comme un acteur clef sur ces questions, comme en atteste l'« européanisation » des missions africaines de l'ONU sous Ban Ki-Moon.

L'UE ET LA CRISE SAHÉLIENNE

Poussée à agir depuis 2008 notamment par la France et l'Espagne[134] , l'Union européenne a rendu publique en septembre 2011 sa Stratégie pour le Développement

133. Raphaël GRANVAUD, *Que fait l'armée française en Afrique*, Coédition Agone-Survie, Paris, 2009.
134. Bérangère ROUPPERT, *Les États sahéliens et leurs partenaires extrarégionaux : le cas de l'Union européenne en particulier*, GRIP (Bruxelles), Note d'Analyse du GRIP, 6 décembre 2012.

et la Sécurité au Sahel. Une stratégie en quatre axes: « Développement, bonne gouvernance et règlement des conflits internes; action politique et diplomatique; sécurité et État de droit; et lutte contre l'extrémisme violent et la radicalisation »[135]. Sécurité et lutte contre l'extrémisme apparaissent comme primordiales dans ce « projet par l'UE pour l'UE », dicté par ses intérêts multiformes dans la zone, en particulier « la sécurité énergétique et l'immigration illégale »[136].

Avant l'EUTM Mali, cette stratégie a donné lieu à la mise sur pied de l'opération Eucap Sahel Niger[137], en août 2012, dans la précipitation suscitée par la crise au Mali, une « mission civile d'assistance en matière de lutte contre le terrorisme au Sahel » visant à « améliorer les capacités des forces de sécurité nigériennes pour lutter contre le terrorisme et la criminalité organisée de manière efficace et coordonnée », qui s'est implantée au Niger mais également en Mauritanie et au Mali. Et l'UE ne compte pas s'arrêter là, une mission en Libye devrait se lancer courant 2013 pour soutenir la sécurisation des frontières contre les migrants et les trafics en tous genres: l'UE s'inquiète des nouvelles routes de trafics en tous genres qui passent plus que jamais par la Libye.

135. Stratégie pour la sécurité et le développement au Sahel, septembre 2011.
136. *Idem*.
137. Voir la présentation de la mission sur le site Internet du Conseil de l'Union Européenne.

INFLUENCE DE LA FRANCE DANS « L'EUROPE DE LA DÉFENSE » ET SUR LE SAHEL

La France est la grande promotrice de cette « Europe de la défense ».Elle défend en particulier deux grands principes[138], à savoir l'indépendance nationale et la solidarité financière entre les pays membres de l'UE. Ces principes sont révélateurs des intérêts français en jeu dans l'européanisation de la défense : rester une puissance militaire, tout en s'appuyant sur un cadre multilatéral qui permette de donner un cadre acceptable à des opérations militaires de plus en plus critiquées lorsqu'elles sont le fait de la France seule et mutualiser les coûts de ces opérations militaires en demandant aux autres pays membres de l'UE de contribuer financièrement, même sur des terrains où ils n'interviennent pas.

Il s'agit pour la France de pousser ses intérêts propres et de faire en sorte que l'UE les prenne à son compte, tout en défendant dans le même temps les intérêts de l'Union (politique, diplomatique, économique) et de ses États membres. La France est d'autant mieux placée pour défendre ses points de vue et ses intérêts dans les instances militaires européennes que le Comité militaire de l'UE[139] a été à deux reprises dirigé par un Français depuis sa création en 2001. Le général

---

138. Voir : DULAIT André, HUE Robert, POZZO DI BORGO Yves, BOULAUD Didier, *La France et la gestion des crises en Afrique subsaharienne : quels changements possibles ?,* Sénat, Rapport d'information n°450 ; Livre blanc de la défense et de la sécurité nationale de 2008 (France).

139. Le CMUE a un rôle de consultation et de coopération militaire entre les États membres dans le domaine de la prévention des conflits et de la gestion des crises. Il fournit des avis et recommandations sur les questions militaires et assume la direction militaire en cas de crise.

Henri Bentégeat, qui l'a dirigé de 2006 à 2009 considère à juste titre que la stratégie a pris : « la France est arrivée à transmettre son intérêt pour l'Afrique aux autres États européens »[140]. Depuis novembre 2012 le Comité est présidé par le général Patrick de Rousiers, qui est à ce titre largement impliqué dans la crise malienne.

L'influence française se manifeste aussi dans les cercles diplomatiques, au sein du Service européen pour l'action extérieure (SEAE) ou de la Commission européenne. Au sein du Cabinet de Mme Ashton qui dirige le SEAE, c'est un Français, Christophe Parisot, qui suit le Sahel (Mauritanie, Mali et Niger) et la lutte contre le terrorisme. D'autres postes clés sont occupés par des diplomates français : Jérôme Spinoza, ancien chef du bureau Afrique au Ministère français de la Défense est aujourd'hui conseiller politique à la direction Afrique centrale et de l'Ouest du SEAE et coordinateur de la Stratégie européenne sur le Sahel auprès de Mme Ashton depuis mars 2012. Le Représentant spécial de l'Union Européenne pour le Sahel, nommé le 18 mars 2013, est quant à lui le diplomate français Michel Reveyrand de Menthon, qui était depuis 2010 ambassadeur de la France au Mali, puis au Tchad jusqu'à cette nomination, et accessoirement époux d'une ministre française du gouvernement Hollande.

Depuis l'été 2012, la France, via son ministre de la Défense, s'est montrée particulièrement active pour faire valoir un scénario militaire de règlement de la crise sécuritaire au Mali et rallier les partenaires euro-

140. Raphaël GRANVAUD, *Que fait l'armée française en Afrique*, Coédition Agone-Survie, Paris, 2009, p. 227.

péens à une opération multilatérale de soutien aux forces africaines.

Ce travail diplomatique mené de concert avec le ministre des Affaires étrangères, en bilatéral et dans le cadre des réunions du Conseil de l'UE a permis de convaincre les États membres de mettre sur pied un dispositif intégrant la France comme acteur central[141].

Le Conseil des Affaires étrangères de l'UE a ainsi pris la décision dès le mois de juillet de jouer un rôle militaire dans la résolution de la crise malienne en demandant à la représentante Catherine Ashton et la Commission européenne de présenter des « propositions concrètes en vue de prévoir un soutien au possible déploiement d'une force de stabilisation de la Cedeao au Mali (...) »[142] dans le cadre de la politique européenne de défense.

Si la diplomatie française n'a pas obtenu que l'UE s'engage sur un dispositif de soutien direct à une intervention, il n'empêche que les États membres ont adopté définitivement le 10 décembre 2012 une mission de formation militaire pour le Mali (EUTM), avec la France comme nation-cadre, comme on l'apprendra sans surprise en janvier 2013.

---

141. Audition de M. Jean-Yves Le Drian, ministre de la Défense par la Commission de la Défense nationale et des forces armées, sur le projet de loi de finances pour 2013, le mardi 2 octobre 2012.

142. Conclusions du Conseil des Affaires étrangères sur le Mali/Sahel du 23 juillet 2012.

LE SOUTIEN EUROPÉEN À L'OPÉRATION SERVAL

Parallèlement à son lobbying pour une intervention européenne, La France se tenait prête à intervenir hors de ce cadre, Jean-Yves Le Drian affirmant dès le mois d'août qu'elle soutiendrait la Misma en espérant que l'UE en fasse de même, puis, en décembre, que la France apporterait un soutien logistique à l'intervention africaine tandis que l'UE déploierait uniquement la mission de formation[143].

Dès le lendemain du début des hostilités, ses partenaires européens se sont précipités pour saluer l'intervention de la France et déclarer leur soutien. Le Royaume-Uni, le Danemark et l'Allemagne ont été les premiers à apporter un appui logistique à l'intervention. Ils ont ensuite été rejoints par la plupart des pays européens, malgré une certaine frilosité à s'engager et des lenteurs, notamment dues à des mécanismes institutionnels de prise de décision plus démocratiques qu'en France.

Si aucun pays n'a accepté d'envoyer des troupes au sol, le soutien apporté par les États membres à la France n'est pas négligeable. Le journaliste Nicolas Gros-Verheyde sur son blog *Bruxelles2* soulignait après un mois d'intervention que les moyens logistiques apportés par les alliés européens et nord-américains étaient essentiels à l'intervention française et constituaient un apport financier plus ou moins équivalent

143. Voir : AFP, « Le Drian juge une intervention africaine au Mali 'inéluctable' », 4 août 2012 ; et l'interview de Jean-Yves Le Drian par le journal la Croix du 23 Décembre 2012.

au coût de l'Opération Serval pour la France[144] tandis que le blog *Lignesdedefense* rappelait, après trois mois de guerre, que le tiers du déploiement du dispositif français avait été possible grâce au « coup de pouce de quelques alliés »[145].

Cette situation révèle que les États membres, peu émus par la posture de cavalier seul de la France, sont totalement disposés à la reconnaître comme leur gendarme pour l'Afrique, lui apportant le soutien logistique nécessaire du moment qu'elle défend les intérêts de toute l'Union. M. Bernard Cazeneuve, ministre délégué chargé des Affaires européennes l'explique avec ses mots : « L'intervention au Mali est donc une action européenne, dans laquelle la France joue un rôle de précurseur pour rétablir l'intégrité territoriale du pays et pour assurer la sécurité du Sahel face au risque terroriste. »[146].

L'UE EN DEUXIÈME LIGNE

En parallèle de l'intervention directe des forces françaises appuyées par ses partenaires européens, l'EUTM Mali assure depuis février 2013 et pour une durée initiale de quinze mois la formation et la réorganisation de l'armée malienne.

S'inscrivant dans le cadre des résolutions de l'ONU et créée formellement par le 17 janvier 2013 par le

---

144. Nicolas GROS-VERHEYDE, « Les alliés au Mali : encombrants, inutiles, utiles ? Le vrai, le faux », *Blog Bruxelles2*, 14 février 2013.
145. Philippe CHAPLEAU, « Serval a trois mois », blog *Lignesdedefense*, 8 avril 2013.
146. Intervention publiée dans le Journal officiel du Sénat le 25 janvier 2013 (p. 482).

Conseil des Affaires étrangères de l'UE le 17 janvier 2013, cette mission composée de 550 personnes, dont 200 formateurs est chargée de fournir une formation militaire et du conseil aux forces armées maliennes». L'estimation officielle du coût de fonctionnement d'EUTM Mali est alors de 12,3 millions d'euros pour les quinze premiers mois.

La France, comme prévu, en est le chef d'orchestre, en tant que «nation-cadre». L'EUTM est commandée par un Français, le Général François Lecointre, qui dirige la 9e brigade de Marine, issue des troupes coloniales, et qui a notamment participé aux tristement célèbres opérations Turquoise et Licorne en Afrique où la France a largement bafoué le cadre d'intervention onusien. Il ne sera pas le seul représentant hexagonal – loin s'en faut – puisqu'au 15 mars 2013, 207 militaires de la mission étaient français (soit presque la moitié) contre 120 annoncés en début d'opération, du fait d'une «générosité» des voisins européens moindre qu'annoncée.

Si la mission ne participe pas à des opérations de combat, elle a pour objectif de former et conseiller l'armée malienne en matière de commandement et de contrôle des opérations. Cela permet à la France de se prévaloir d'un cadre formel et multilatéral pour poursuivre ce qu'elle a entrepris depuis le début de la crise politique malienne: influencer, voire définir, les scénarios et la stratégie militaire au Mali.

Cette mission permet aussi à l'UE de jouer discrètement un rôle clef: l'EUTM Mali «confère un nouveau rôle à la PSDC: celui d'intervenir dans un conflit ouvert, afin d'influencer son issue, tout en restant en deuxième ligne. »[147].

Au-delà des enjeux militaires de court terme, la mission a une vocation politique et d'inscription dans le long terme évidente. Le Général François Lecointre déclare le 26 janvier 2013 : « La guerre n'est pas finie. Il y a un réel besoin sur le long terme. La mission européenne a un objectif, en réalité, au moins autant politique que militaire. Il est de reconstruire l'armée malienne pour restaurer l'intégrité territoriale de l'État malien, et de construire une armée respectueuse de la démocratie et de l'État de droit… ».[148]

L'articulation entre l'expertise française et les moyens européens contribuera ainsi à façonner l'organisation militaire du Mali et renforcer la mise sous tutelle du pays sur les volets strictement diplomatique et politique, comme développé dans les chapitres suivants.

---

147. Federico SANTOPINTO, *L'UE au Mali – Evolution d'un rôle*, GRIP (Bruxelles), 17 janvier 2013.
148. Nicolas GROS-VERHEYDE, « Gen. Lecointre – EUTM Mali : Restaurer le logiciel de l'armée malienne », 26 janvier 2013.

Partie IV
Un Mali sous tutelle et toujours instable

13. Les atteintes aux droits

Un des risques pointés avant le début de l'opération militaire concernait la possible dégradation de la situation humanitaire sur place, scénario qui s'est confirmé dans les premiers mois de l'Opération Serval. Au delà de la situation des réfugiés, les alertes lancées par les ONG et les organisations internationales sont nombreuses concernant les exactions et violations des Droits de l'Homme directement liées au conflit, qui obèrent la possibilité de favoriser rapidement la réconciliation nationale au Mali, condition essentielle de la paix.

UNE SITUATION HUMANITAIRE DOULOUREUSE

La situation humanitaire au Mali, chroniquement difficile, est devenue catastrophique depuis le déclenchement de la crise malienne. Le 5 septembre 2012, le Haut Commissariat aux Réfugiés (HCR) comptabilisait que plus de 450.000 personnes avaient fui les combats entre l'armée et les groupes armés, puis la violence des occupants[149], en allant dans des pays limitrophes ou d'autres régions du Mali, soit un tiers de la population qui résidait dans les trois régions du Nord (Tombouctou, Gao, Kidal)[150].

---

149. UNHCR, «Le chef du HCR met en garde contre les dangers liés à l'inaction face à la situation au Mali», 5 septembre 2012.
150. Données de l'Institut national de la statistique du Mali, disponibles sur www.geohive.com/cntry/mali.aspx?sub=y&diacrit=1

Le 19 octobre 2012, le Vice-Secrétaire général de l'ONU, Jan Eliasson, prévenait des risques liés à toute intervention militaire au nord du Mali, qui devrait s'abstenir « d'exacerber les tensions existantes ni d'aggraver une situation humanitaire déjà précaire»[151].

Sans surprise, si la libération des grandes villes du Nord a pu inciter certains déplacés et réfugiés à revenir, la situation sécuritaire instable et les exactions perpétrées à l'encontre de certains groupes de population ont entraîné de nouveaux mouvements, en particulier de Touaregs, de Peuls, d'Arabes, vers les pays voisins.

Au 27 mars 2013, alors que l'intervention française est qualifiée de succès, le Bureau de la coordination des Affaires humanitaires au Mali (OCHA Mali) comptabilisait un nombre de personnes déplacées ou réfugiées plus important que six mois plus tôt : 292.648 déplacés internes et 177.637 Maliens réfugiés dans les pays voisins (principalement en Mauritanie, au Niger et au Burkina Faso)[152]. A cette date, alors que la diplomatie française s'activait à l'ONU pour mettre en place une opération de « maintien de la paix » au Mali permettant de couvrir les coûts militaires de l'Opération Serval, à peine 20% des 152 millions de dollars recherchés par OCHA pour couvrir pendant trois mois les besoins humanitaires prioritaires identifiés avaient été réunis.

Le début du conflit en 2012 avait déjà coïncidé avec un épisode d'insécurité alimentaire lié à la mauvaise saison des pluies de l'été 2011, qui a frappé plusieurs

---

151. Dépêche de l'ONU du 19 octobre 2012.
152. OCHA, *Rapport de situation n°29*, 27 mars 2013.

régions du Mali, du Nord en particulier. Avec le déclenchement de la crise militaire et l'occupation de la zone, la déstabilisation des marchés locaux, la destruction ou l'interruption de nombreux services publics de santé et d'éducation, le défaut d'entretien des infrastructures d'eau potable et d'assainissement ont rendu les conditions de vie endurées par les populations restées au nord particulièrement difficiles, sans parler de l'insécurité due à la guerre.

Un rapport de l'ONG *Médecins sans frontières* du 12 avril 2013 décrivant la situation dans le camp de réfugiés de Mbéra, situé dans le désert en Mauritanie se montrait particulièrement alarmant : « Pour survivre, les réfugiés dépendent entièrement de l'assistance extérieure et de l'aide humanitaire, notamment pour couvrir leurs besoins fondamentaux comme la nourriture, l'eau, les abris et les soins médicaux. Jusqu'à présent, l'intervention d'organisations telles que le HCR et le Programme Alimentaire Mondial (PAM) n'a pas permis une réponse suffisamment rapide pour faire face aux différents afflux de réfugiés. Des taux de malnutrition élevés ont été reportés chez les enfants seulement quelques semaines après leur arrivée dans le camp. (…) ». L'ONG se prépare à ce que la présence de ces réfugiés ne soit pas ponctuelle mais perdure.

Face à cette situation, il faudra mesurer la réalité et l'impact dans le temps des efforts financiers significatifs annoncés par les bailleurs internationaux, la France en tête, pour financer la reconstruction de services et infrastructures dans le Nord du Mali, opportunément annoncés pour atténuer dans les esprits la portée de l'opération militaire.

ATTEINTES AUX DROITS HUMAINS

L'intervention française a été présentée à de nombreuses reprises par les autorités comme une guerre pour la défense des droits humains au Mali, François Hollande se permettant même d'annoncer à l'occasion du 8 mars que la France était intervenue au Mali « parce qu'il y avait des femmes qui étaient victimes de l'oppression et de la barbarie ». Les droits humains sont pourtant bafoués en permanence et suscitent de fortes inquiétudes pour l'avenir.

Les crimes commis par les groupes armés ont été une des causes des mouvements de populations. Ces atteintes aux droits on été largement documentés : mariages précoces et forcés, viols, esclavage sexuel, lapidations, amputations, enrôlement forcés d'enfants soldats, pose de mines aux abords de Gao. Dans une moindre mesure, des milices d'autodéfense ont également été responsables de torture, d'exécutions sommaires et de recrutements d'enfants soldats.[153]

Les violences et actes de vengeance ont également émané de civils et de forces de l'ordre ou de soldats maliens. Dès le 20 décembre 2012, un rapport de l'ONG *Human Rights Watch* soulignait « l'avènement d'une période qui inscrit le pouvoir des armes au-dessus de l'État de droit » et alertait sur les « tensions ethniques alimentées par la manipulation politique de l'ethnicité par certains dirigeants politiques et militaires »[154].

---

153. Pour tout ce paragraphe. Amnesty International, « Mali, les civils paient un lourd tribut au conflit », 2012.
154. Human Rights Watch, *Mali, l'aggravation des tensions ethniques laisse présager de nouvelles violences,* 20 décembre 2012.

Le 16 janvier, quelques jours après le déclenchement de l'Opération Serval, l'ONG *Amnesty international* alertait sur des exactions commises par les forces de sécurité maliennes, en demandant que l'enquête ouverte par la Cour Pénale Internationale sur les crimes des groupes armés prenne aussi en compte les exactions commises par les forces maliennes[155], une demande également formulée par les avocats du MNLA[156]. De son côté, la procureure de la CPI, la Gambienne Fatou Bensouda, demandait le 28 janvier une enquête des autorités maliennes sur le sujet.

Malgré les alertes, l'armée française est restée sourde et aveugle jusqu'au 23 janvier, où répondant aux interpellations de la FIDH[157], concernant les exécutions sommaires et enlèvement, perpétrées par des éléments de l'armée malienne dans les villes de Sévaré, Niono, Diabali, Gnimi Gnama et Mopti, le porte-parole de l'État-major français a du répondre qu'il n'avait « aucune indication qui permette de confirmer ces informations ». Promettant même : « Si on était témoin de telles actions, on interviendrait pour les faire cesser »[158]. Le même jour le gouvernement malien affirmait dans un communiqué qu'« il ne saurait être question pour nous de cautionner des actes que nous reprochons aux terroristes ». Ce n'est qu'un mois plus tard, suite à la diffusion d'images par des médias qu'un communicant de l'armée malienne

155. Amnesty International, *Mali. L'enquête annoncée par la CPI sur les crimes commis durant le conflit est une grande avancée vers la justice*, 16 janvier 2013.
156. Communiqué de presse du MNLA, 5 mars 2013.
157. *FIDH*, « Exactions des militaires maliens : l'urgence d'une commission d'enquête indépendante », 23 janvier 2013.
158. Anne-Laetitia BERAUD, « Mali : '*Si l'armée française était témoin d'exactions, on interviendrait pour les faire cesser'* », 20 minutes.fr, 23 janvier 2013.

a finalement annoncé le retrait du front de certains éléments qui avaient « manqué de tact »[159].

Le 21 mars 2013, le Conseil des droits de l'Homme de l'ONU a condamné les exactions commises par les groupes armés islamistes au Mali, faisant réagir l'organisation de défense des droits de l'homme *Human Rights Watch* qui a reproché à l'ONU d'ignorer les informations faisant état d'abus commis par les forces gouvernementales dans le nord du pays. « Tout en nous félicitant de cette résolution, l'absence de la part du Conseil de toute condamnation claire des graves violations récemment commises par des membres de l'armée malienne est un mauvais service rendu au peuple malien »[160].

La Commission Dialogue et Réconciliation créée début mars par le gouvernement malien aura pour vocation de reconstruire le « vivre ensemble » entre les communautés. Le mot « Justice » n'apparaît ni dans son intitulé ni dans son périmètre d'action. Cette fonction demeurant dans le périmètre de compétence d'une institution judiciaire malienne très affaiblie, il est à redouter que bien des crimes commis au Mali depuis le début de la crise restent impunis.

Se pose une question bien plus profonde sur le sens de cette réconciliation. En effet, un certain nombre d'acteurs de la société civile malienne considèrent que cette commission devrait aborder la responsabilité des élites politiques et tenants des régimes précédents, qui ont amené le Mali à sa situation actuelle : « au sud il y

---

159. AFP, « Mali : accusés d'exactions, des militaires maliens rappelés du front », 26 février 2013.
160. Reuters, « L'ONU condamne les exactions des rebelles, pas de l'armée », 21 mars 2013.

aura difficilement dialogue entre le peuple et ses dirigeants parce qu'ils ne parlent plus le même langage, faute de confiance des premiers pour les seconds. »[161].

LES VICTIMES DE LA GUERRE

Tous les journalistes l'ont signalé : jamais auparavant on n'aura connu un tel black-out sur les images d'une guerre. On devine certains intérêts de ce choix pour l'armée française, au-delà des prétextes avancés : difficile de manifester une opposition ou des critiques contre une guerre invisible. On se doute aussi que cela permet de laisser dans l'ombre les inévitables et traditionnels « dommages collatéraux ».

Les autorités françaises ont passé sous silence le nombre de victimes civiles du conflit. Pourtant *Amnesty International*, parmi d'autres ONG, a évoqué dès le 14 janvier 2013 le fait que des civils ont été victimes de l'intervention dès les premiers jours, exhortant les belligérants au respect du droit international et rappelant que « les forces impliquées dans les attaques armées doivent à tous prix proscrire les bombardements aveugles et prendre toutes les mesures pour éviter les pertes civiles. »[162].

Concernant le nombre de morts parmi les belligérants, le flou a également été maintenu, le nombre de « plusieurs centaines » de morts sous les bombardements français ou dans des combats directs étant

---

161. Drissa SANGARE, « Commission dialogue et réconciliation, du mimétisme pour quelle fin ? », *L'Express de Bamako*, 3 avril 2013.
162. *Amnesty International*, « Mali, les parties au conflit doivent prendre toutes les mesures pour éviter les pertes civiles », 14 janvier 2013.

avancé à la fin janvier comme à la fin février par le ministre de la Défense. Le 11 avril, RFI annonçait un bilan plus précis : « Au total, ce sont 400 jihadistes qui ont été tués, soit un quart des effectifs. L'élimination d'un seul chef – Abou Zeïd – a été confirmée. »[163]

Au chapitre des « dégâts collatéraux », on peut mentionner deux faits dont le rapprochement devrait interpeller, mais qui n'a pas semblé avoir suscité beaucoup d'intérêt, sans doute en raison de l'absence d'images des bombardements français.

On sait que les groupes armés occupant le Nord du pays ont pendant plusieurs mois, procédé au recrutement de nombreux enfants soldats, ce qui constitue un crime de guerre en droit international. Le site internet du Monde relate le 23 janvier 20103 : « Parfois placés en première ligne des combats, ils pourraient être nombreux à avoir été blessés ou tués lors des affrontements en cours. (…) Les témoignages recueillis par HRW confirment que les enfants sont exposés aux plus grands périls : 'Trois des sites d'entraînement de Gao où des témoins ont vu les enfants-soldats – dans et autour du Camp Firhoun, au jardin de Njawa et dans le bâtiment de la direction nationale des douanes – ont été pris pour cible par les bombardements aériens français le 12 janvier' ». Les enfants soldats sont souvent utilisés comme des « supplétifs, chargés du renseignement » ou comme boucliers humains. Début février, « le premier kamikaze lancé contre un poste de contrôle, le 8 février à Gao, avait 14 ans. 'C'était le neveu d'un commerçant, allié au

163. David BACHE, « Mali : l'Opération Serval entre dans son quatrième mois », RFI, 11 avril 2013.

Mujao', racontent les habitants qui ont vu grandir ce jeune passionné de motos »[164].

Dans le même article, il est fait état de la prise de conscience par les militaires de cette situation : « Ça a été un tournant de cette guerre, confie le général Bernard Barrera, responsable des opérations de la brigade Serval dans l'Adrar des Ifoghas. Nos soldats sont souvent des pères de famille. Ils ont vu des enfants de dix ou douze ans combattre aux côtés des djihadistes. Ça a été un choc. » Cependant, on se demande en quoi a consisté ce « tournant » le discours sur l'ennemi n'ayant pas évolué par la suite, pas plus que la stratégie militaire visant son anéantissement.

Enfin un autre élément mériterait d'être approfondi pour pouvoir dresser le bilan complet de cette guerre : dans deux questions écrites[165] à ce jour sans réponse, le député André Chassaigne et la sénatrice Joëlle Garriaud-Maylam demandent au ministère de la Défense de préciser si l'armée française utilise ou non des armes à l'uranium appauvri au Mali, comme l'ont fait savoir des « *sources concordantes* », et sans que l'armée ne démente cette utilisation. Cette arme, qui a été utilisée lors de la guerre en Irak, fait peser de très graves dangers sanitaires pour les populations civiles. A notre connaissance, aucun journaliste n'a pour l'instant cherché à confirmer ou infirmer cette accusation grave.

---

164. François RIHOUAY, « Au Mali, les enfants-soldats djihadistes ne jouent pas à la guerre », *Ouest France*, 31 mars 2013.
165. Question écrite n°14-20048, du 5 mars 2013 de M. André Chassaigne et question écrite n°04198 de Mme Joëlle Garriaud-Maylam, publiée dans le JO du Sénat du 24 janvier 2013.

DES PRISONNIERS AU SORT INCERTAIN

Corollaires de la rhétorique sur la destruction et l'anéantissement des terroristes, l'ampleur des bombardements et la violence des combats au sol (au cours desquels plusieurs soldats français ont laissé la vie) laissent supposer que l'objectif des opérations armées n'était pas précisément de capturer l'ennemi. Aussi, le nombre de prisonniers, comparativement au nombre d'ennemis tués s'avère très faible.

Le nombre de prisonniers capturés par l'armée française ou l'armée malienne est resté imprécis pendant trois mois, les informations concernant la capture de « djihadistes » et les modalités de leur transfert vers Bamako étant distillées au compte-goutte. Ce n'est que le 11 avril que des informations précises ont été données, par RFI : « L'armée française assure avoir fait 26 prisonniers, dont 8 mineurs qui ont été remis à l'Unicef, le fonds des Nations unies pour l'enfance. Depuis le début de l'Opération Serval, on compte, au total – en incluant les jihadistes capturés par les Maliens – une centaine de prisonniers. »[166]

Seule l'arrestation d'un « djihadiste » français le 5 mars à Tessalit par les troupes françaises avait permis d'attirer l'attention de la presse internationale sur le sort des prisonniers capturés durant les combats, arrêtés lors de la libération des villes du Nord ou s'étant rendus aux forces françaises, maliennes et tchadiennes.

Le 8 mars 2013, un article du quotidien *Le Monde*, citant des « sources au ministère de la Défense » évoquait un accord cadre technique et juridique entre

166. David BACHE, op. cit.

l'armée française et les autorités maliennes sur ce point. D'après le journal, les forces françaises auraient demandé, comme condition du transfert des combattants djihadistes faits prisonniers, que les autorités maliennes apportent les garanties qu'aucun traitement dégradant ne leur serait infligé et qu'ils ne se verraient pas appliquer la peine capitale.

Le 11 avril, *Human Rights Watch* révélait par communiqué de presse que deux hommes arrêtés et torturés par des soldats maliens dans la ville de Léré en février, près de Tombouctou, étaient morts en détention dans la prison centrale de Bamako. Ces deux hommes, ainsi que cinq autres victimes de torture, avaient été interrogés par l'ONG.

MENACES SUR LA LIBERTÉ D'EXPRESSION

Dans un contexte de vide institutionnel et politique au Mali, les menaces sur la liberté d'expression restent nombreuses. Depuis le déclenchement de la crise, les nombreux actes d'intimidation et règlements de compte opposant mouvements pro et anti-putsch, civils (militants de partis, journalistes) ou militaires (affrontements entre « bérets rouges » et « bérets verts ») et la haine exprimée librement par certains journalistes et blogueurs, à l'égard d'hommes politiques, de représentants de mouvements touareg, de populations soupçonnées de « connivence avec l'ennemi », sont révélateurs de l'incapacité des autorités publiques à prévenir certains dérapages. Cela n'empêche pas le pouvoir malien d'exercer un pouvoir coercitif à l'encontre même des défenseurs des droits et de la liberté d'expression.

Le 6 mars 2013, le journaliste Boukary Daou était arrêté par la Sécurité d'État, dans les locaux de son journal, après avoir publié une lettre ouverte adressée par un soldat malien au Président Dioncounda Traoré lui demandant de revenir sur les émoluments accordés au putschiste Sanogo. Cette arrestation a provoqué l'organisation d'une « journée morte » par la presse malienne, suivie d'un boycott des institutions par les journalistes suite à l'inculpation et l'incarcération du journaliste une dizaine de jours après son arrestation, dénoncée le 20 mars, par le porte-parole du Quai d'Orsay, Philippe Lalliot. Sa remise en liberté provisoire le 2 avril 2013 ne signe pas l'arrêt de ces entraves à la liberté d'expression. Une journaliste française collaboratrice de *L'Express* et de l'AFP a ainsi été expulsée le 16 avril, l'armée malienne l'accusant d'avoir voulu atteindre à l'image des militaires maliens, pour s'être intéressée à des exécutions sommaires perpétrées à Sévaré.

La censure n'est malheureusement pas l'apanage d'autorités maliennes en pleine déroute. Le 16 avril 2013, on apprenait que l'écrivain Aminata Traoré et le secrétaire général du Parti SADI, Oumar Mariko, invités à une conférence organisée à Berlin, s'étaient vus refuser par les services consulaires français de Bamako une demande de visa pour circuler en Europe du fait de leur soutien présumé au Capitaine Sanogo. Une restriction de circulation et d'expression d'autant plus choquante que le même jour, le rapport d'information sénatorial sur la situation au Mali présenté par les sénateurs Larcher et Chevènement mentionnait parmi les personnalités auditionnées en France le porte-parole du MNLA, un mouvement armé jugé sans doute par les autorités françaises plus favorable à leurs intérêts.

14. La mise sous tutelle politique du pays

Comme à son habitude, la France s'est peu préoccupée de la souveraineté du Mali lorsqu'il s'est agi de déclencher une opération de guerre, puis de mettre en place des initiatives en faveur de la paix, de la sécurisation et de la reconstruction du pays. Avec le reste de la communauté internationale, UE en tête, elle s'attache à remettre sur pied une démocratie formelle, faisant en particulier de la tenue d'élections la clé de la sortie de crise, et adopte un rôle de prescripteur, omettant de prendre en compte le point de vue des autorités et populations locales sur les enjeux réels de la situation pour le pays et la région.

LES PRESSIONS DE LA FRANCE SUR LES AUTORITÉS MALIENNES EN AMONT DE L'INTERVENTION

Dès mai 2012, le nouveau gouvernement français a surjoué son alignement sur « les Africains » de la Cedeao et du Mali en prétendant qu'elle n'interviendrait qu'en soutien, si et seulement si les Maliens, les Africains, lui en faisaient la demande (et dans le cadre d'une résolution de l'ONU). Et en effet, elle a maintenu ce cadre formel d'intervention « à la demande » en faisant écrire (et corriger) une lettre de demande d'aide le 9 janvier 2013 par le Président malien. Le 10 janvier 2013, l'intervention française était donc bien déclenchée suite à une demande des autorités maliennes.

Cette lettre faisait suite à nombre d'autres courriers de demande d'aide produits par les autorités maliennes pendant les mois précédant l'opération, pour lesquels la France et la Cedeao ont certainement usé de moyens de pression. Ainsi pour obtenir des autorités maliennes qu'elles demandent le soutien militaire de la Cedeao, le 5 septembre 2012, c'est Jean-Félix Paganon, alors représentant spécial de la France pour le Sahel[167], qui a annoncé à Abidjan en présence du chef d'État ivoirien que le gouvernement malien demandait une aide notamment logistique de la Cedeao, pour recouvrer l'intégrité territoriale du Mali.[168]

En écho, la préparation de l'intervention française décrite par Vincent Jauvert et Sarah Halifa-Legrand dans *Le Nouvel Observateur* fait état d'une relation de subordination entre la présidence malienne par intérim et les autorités françaises: «Depuis fin mai 2012, Traoré [le Président par intérim] soigne ses blessures en France. Il ne peut donc donner son feu vert [à la demande d'intervention auprès de l'ONU]. A peine est-il remis sur pied que Paris le renvoie à Bamako, fin juillet. Après moult palabres et bras de fer avec Sanogo, il finit par prendre le dessus. Il écrit au Conseil de Sécurité pour demander une intervention armée internationale au Mali. Fortement inspirée par la France, la lettre arrive, comme par miracle, le 26 septembre, au moment même où se tient la réunion

167. Il a occupé ce poste de juin 2012 à février 2013.
168. AFP, «Le Mali demande formellement une intervention de la Cedeao», 5 septembre 2012.

exceptionnelle de l'ONU sur le Sahel demandée par François Hollande ».[169]

L'ARMÉE FRANÇAISE POUR « SÉCURISER » BAMAKO ET LA TRANSITION

Au lendemain de l'intervention, les médias et la communication des autorités françaises ont peu évoqué la composition et les objectifs du déploiement des forces armées françaises à Bamako, au-delà de la seule façade de « sécurisation des ressortissants » censée légitimer une présence militaire dans la capitale.

Pourtant au moins 200 soldats[170] ont été positionnés à Bamako dès les premiers jours de l'intervention pour y faire régner l'ordre et pour assurer la « sécurité de la transition ». Dans la droite ligne de la logique coloniale, les autorités françaises ont effectivement considéré que la présence d'un bon contingent de soldats français à Bamako permet de faire écouter sans difficulté les consignes françaises, aussi bien les appels au calme pour la population bamakoise, que les « conseils » des diplomates français aux autorités maliennes.

L'ambassadeur de France au Mali, Christian Rouyer, expliquait sans équivoque cette volonté de faire pression sur la population et sur ce qui restait d'autorités maliennes dans le contexte social et politique très tendu de début janvier 2013. Évoquant le décret d'état d'urgence promulgué par le Président

169. Sarah HALIFA-LEGRAND, Vincent JAUVERT, *op. cit.*
170. RFI, « Mali, calme, espoirs et inquiétudes à Bamako », 13 janvier 2013.

malien par *interim*, il affirmait le 16 janvier 2013 qu'il attendait que l'ordre règne à Bamako : « On ne pouvait pas se réveiller un jour sans savoir quelles manifestations allaient entraver la vie publique. L'activité économique était au ralenti et des gens brûlaient des pneus sur les routes. Il y avait d'autres qui criaient des slogans contre le Président ou le Premier ministre (...) L'État d'urgence était nécessaire. L'heure n'est plus aux chicanes ni aux discussions vaines. L'heure est à l'unité. La nation est en danger, le pays doit s'unir contre un adversaire commun ».[171] Un vrai discours de ministre de l'Intérieur.

Quand, au lendemain du coup d'État de mars 2012, la Cedeao avait tenté d'imposer à Bamako une présence militaire étrangère pour « sécuriser les institutions », les autorités maliennes s'y étaient opposées farouchement[172], craignant les pressions et la perte de souveraineté qui en découleraient. Quelques mois plus tard, quand la « sécurisation de la transition » a été intégrée dans les objectifs de l'intervention française, elles n'avaient dès lors plus le choix.

Le 15 janvier 2013 depuis Dubaï, le Président français résumait de la façon suivante les buts de l'intervention : « Nous avons un objectif c'est de faire en sorte que lorsque nous partirons, lorsque nous cesserons notre intervention, il y ait une sécurité au Mali, des autorités légitimes, un processus électoral et qu'il n'y ait plus de terroristes qui menacent l'intégrité du

171. « Christian Rouyer: la sécurisation des institutions était devenue urgente au Mali », *Journal du Mali*, 16 janvier 2013.

172. RFI, « Mali: Bamako refuse que la Cedeao sécurise ses institutions », 15 août 2012.

Mali. »[173]. Une fois l'intervention, débutée, la France n'a ainsi plus cherché à faire semblant qu'elle cherchait seulement à soutenir le Mali dans la sortie de crise et que la souveraineté du Mali était respectée, assumant sans complexe que les réponses tant militaires que politiques doivent venir de l'extérieur.

UNE FEUILLE DE ROUTE ARRACHÉE

Pendant que l'offensive se poursuit au nord du Mali et que les militaires maliens se trouvent sous contrôle d'officiers français et européens dans le cadre de la mission EUTM Mali depuis le mois de février, les diplomaties européenne et française entendent plus que jamais prendre en charge les institutions civiles, avec la volonté affichée de favoriser leur « restauration ». Elles souhaitent en effet jouer un rôle politique de premier plan dans la stabilisation du Mali, en lien avec l'ONU et l'Union Africaine, en imposant un certain nombre de décisions politiques et financières.

L'UE, sous pression de la France, s'est placée en tête de file sur les aspects financiers, accueillant le 5 février 2012 une Conférence des donateurs pour le Mali et annonçant le 12 février la reprise de son aide au développement (environ 250 millions d'euros) suite à l'adoption le 29 janvier 2013 d'une feuille de route par l'Assemblée nationale malienne.

Depuis des mois, la communauté internationale faisait pression sur les autorités maliennes pour mettre en

173. « Mali: Hollande précise les buts de guerre », France Inter avec Reuters, 15 janvier 2013.

place cette feuille de route censée prévoir en premier lieu un calendrier pour la tenue d'élections. En effet, pour les États-Unis en particulier mais aussi pour l'Europe, les élections sont nécessaires pour que le Mali rentre à nouveau dans la légalité internationale, qu'il retrouve un cadre juridique compatible avec la reprise des programmes d'aide. L'intervention française a mis un coup d'accélérateur dans les rouages diplomatiques, en faisant entrer tous les acteurs, parmi lesquels les Maliens, dans la perspective de l'après-intervention.

L'UE, guidée par la France, a réussi à imposer ses prescriptions la feuille de route et les décisions prises par la suite par l'exécutif malien répondant en tous points à ses exigences et faisant écho aux conclusions du Conseil des Affaires étrangères du 31 janvier et du 18 février 2013 qui appelaient à l'organisation d'élections libres et transparentes en 2013, à la mise en place d'une Commission nationale de dialogue et de réconciliation, à la négociation et le dialogue avec tous les mouvements non terroristes et non criminels respectant l'intégrité territoriale du Mali.

Pour la mise en place de ce programme, l'UE propose des outils standards, à l'instar du « pack de soutien et de stabilisation », soit une aide additionnelle de 20 millions d'euros pour des actions à mettre en place avec le soutien des États membres et le programme des Nations-Unies pour le développement (PNUD).

DES ÉLECTIONS IMPOSÉES

Le Président français n'a pas démordu de l'objectif fixé aux Maliens de tenir l'élection présidentielle à deux tours avant la fin du mois de juillet 2013. Le 28 mars 2013 lors de son interview télévisé sur France 2, il déclarait : « Nous voulons qu'il y ait des élections au Mali à la fin du mois de juillet. Et ça, nous serons intraitables là dessus. ».

« Comment faire voter les Maliens ? », s'interrogeait le *Journal du Dimanche* dans son édition du 13 avril, donnant la parole à un proche de Jean-Yves Le Drian : « Le nouvel ambassadeur de France au Mali, l'ancien officier de gendarmerie Gilles Huberson, doit tenir les 'rênes courtes' au pouvoir malien pour le faire 'accoucher d'une élection' »[174].

Pourtant, le calendrier proposé relève de la gageure, alors que le pays reste toujours en partie occupé et en proie à l'insécurité, qu'un grand nombre de Maliens sont réfugiés ou déplacés, que les problèmes qui existaient déjà pour l'élection présidentielle prévue initialement en avril 2012 ne sont pas résolus, ne serait-ce qu'en ce qui concerne la constitution du fichier électoral. Un grand nombre d'acteurs maliens ont dénoncé cette situation, de même que le Secrétaire-général de l'ONU, Ban Ki-moon, dans son rapport du 27 mars sur la situation au Mali : « Il sera extrêmement difficile, pour ne pas dire impossible, d'organiser un scrutin libre et pacifique dans le nord, en particulier dans les camps de réfugiés et déplacés ». Mais de tout cela, les autorités françaises, qui en sont

---

174. Le Journal du Dimanche « *Comment faire voter les Maliens ?* », 13 avril 2013.

bien conscientes n'en ont pourtant cure. Il s'agit de préserver les formes et non de contribuer à asseoir un régime démocratique et légitime : « 'Ce ne seront pas des élections absolument parfaites', a concédé une source diplomatique française à l'AFP »[175].

Le Secrétaire général de l'ONU alertait aussi sur le fait que « la défaillance du système politique est l'une des principales causes de la rébellion armée qui a éclaté dans le nord et de la mutinerie à l'origine du coup d'État de mars 2012. Si les élections sont mal préparées, le système risque de se perpétuer ».

Car au-delà des questions matérielles et techniques, les délais imposés pour l'élection présidentielle risquent d'entériner la perpétuation d'un système politique dont la crise en cours a pourtant révélé au grand jour tous les dysfonctionnements.

Alors qu'une grande partie des Maliens manifestait contre le gouvernement de transition à la veille de l'intervention française, celle-ci a sans doute sauvé le Président Traoré en le remettant en selle et en faisant redescendre la pression sociale du fait du soulagement provoqué par l'intervention a été réel et à Bamako et de la sécurisation de Bamako.

L'intervention a également enterré les concertations nationales prévues mais maintes fois repoussées par les autorités. Le calendrier imposé ne laisse en effet aucunement place à une refonte des institutions, à une mise à plat de la situation sociale et politique du pays alors que la classe politique est largement discréditée aux yeux des citoyens maliens. Issa Ndiaye, lui même ancien ministre de l'Education décrit cet état d'esprit :

---

175. AFP, « Le Mali promet des élections en juillet », 5 avril 2013.

« La population malienne dans sa grande majorité est dans le camp du changement. Elle est fatiguée de cette classe politique qui l'a pressurisée et qui s'est copieusement enrichie battant tous les records de la corruption en Afrique. »[176]

Cette imposition par l'extérieur ne risque pas non plus de permettre à de nouvelles forces citoyennes et politiques d'émerger ou de se coaliser, ce qui risque d'aboutir à des élections qui porteront à la tête de l'État un homme politique du sérail, adoubé par la France et les institutions internationales et compatible avec les intérêts des multinationales au Mali.

Début avril 2013, l'Adema Pasj, le principal parti politique malien depuis 1991, choisissait comme candidat à la présidentielle Dramane Dembélé, un ingénieur des mines ayant travaillé pour plusieurs compagnies aurifères et comme haut fonctionnaire dans diverses institutions minières maliennes.

Comme dans la plupart de leurs interventions en Afrique, l'action de la France et de l'Union Européenne s'apparente ainsi à une ingérence assumée et à une mise sous tutelle politique du Mali, à l'opposé du processus de reconstruction institutionnelle dont aurait besoin le pays aujourd'hui. Alors que les uns et les autres ont crié haut que le Mali était un État failli au printemps 2012, il ne lui est guère laissé de latitude pour se renforcer.

---

176. Issa NDIAYE, « Mali : une démocratie contre le peuple », *Le grand soir*, 29 avril 2013.

15. Le soutien de la France à un projet autonomiste

Sous la présidence de Nicolas Sarkozy, puis de François Hollande, les autorités françaises ont porté un même discours de légitimation du MNLA et de sa revendication autonomiste. Avant même l'offensive de janvier 2012, puis dans les semaines suivantes, une délégation du MNLA est reçue au Ministère de Affaires étrangères et des leaders du MNLA en France accèdent facilement aux médias – y compris sur les chaînes publiques.

Début février 2013, rapidement après le déclenchement de Serval, une alliance militaire entre la France et le MNLA sur le terrain est révélée au grand jour, tandis que les autorités françaises portent un discours très ambigu à propos du statut du Nord du Mali et participent de la légitimation des groupes armés « non terroristes » comme interlocuteurs légitimes du dialogue national imposé par la communauté internationale aux autorités maliennes.

LA RÉVÉLATION DE L'ACCORD – À PEINE – SECRET AVEC LE MNLA

En 2012, alors que les groupes armés Aqmi, Ansar Dine et Mujao avaient repris le contrôle du Nord du pays et en avaient évincé le MNLA, les représentants du MNLA en France expliquaient dans des médias le rôle qu'ils pourraient jouer pour lutter contre les groupes islamistes.

Début février, l'armée française entre seule dans la ville de Kidal, officiellement pour préserver la population locale d'exactions potentielles par l'armée malienne. En réalité, elle ne fait que poursuivre la mise en œuvre d'un plan préétabli, préparé par les agents de la DGSE[177], même si dans un premier temps, côté français, comme à la direction du MNLA, on dément l'existence d'un accord. L'entente sur le terrain est pourtant visible et avalise l'hypothèse d'un accord. Il s'agit pour la France d'utiliser le savoir-faire du MNLA dans l'Adrar des Ifoghas, pour traquer les groupes armés qui s'y sont réfugiés et retrouver les otages français. En échange, l'armée malienne est tenue à l'écart de la zone.

La classe politique malienne, à qui la France et la communauté internationale ont imposé de négocier avec le MNLA, s'inquiète des autres contreparties promises à ce mouvement par les Français,qui transparaissent dans les positions françaises concernant l'avenir politique de la région.

Les inquiétudes sont d'autant plus vives que les contacts de la France ne se sont pas arrêtés au MNLA : le Mouvement islamique de l'Azawad, un groupe dirigé par le fils cadet de l'Amenokal (chef traditionnel) des Touareg de la région de Kidal et composé de transfuges d'Ansar Dine, a également été approché par les militaires français. « Tout laisse penser que le MIA était prévenu de leur arrivée à Kidal, le 30 janvier, et qu'il a laissé faire. 'À Kidal, nous sommes dans une situation particulière et nous faisons en sorte d'avoir

177. « Les alliés de la DGSE au Nord-Mali », *Intelligence Online*, n°682, 13 février 2013.

des relations de bonne intelligence avec les Touaregs', avoue le ministre français de la Défense, Jean-Yves Le Drian. Logique. Pour les troupes françaises, les membres du MIA peuvent être des informateurs précieux sur leurs frères d'Ansar Eddine. »[178]

Les journalistes ont également été tenus à l'écart de la zone, mais certaines informations ont néanmoins transpiré : « Dupes ou pas, les militaires français ont rencontré à plusieurs reprises des responsables du MIA et du MNLA à Kidal. (...) La réunion était à huis clos mais chez les Touaregs, tout se sait. Le sujet ? 'Ça discutait collaboration pour la libération des otages français'. »[179]

En février 2013, la France a finalement rendu public son soutien « aux Touaregs du MNLA, qui ont d'ailleurs 'officiellement' fait allégeance à la France. »[180] Le porte-parole de l'état-major de l'armée française va même plus loin, affirmant que l'armée française avait décidé de « se coordonner » avec « les groupes qui ont les mêmes objectifs » que Paris[181]. Échange de bons procédés, ce soutien s'est par exemple traduit par des tirs de l'aviation française contre le Mouvement arabe de l'Azawad (MAA), un mouvement concurrent du MNLA[182]. Cela ne signifie pas pour autant, bien entendu, que ce dernier soit à l'abri d'un retourne-

---

178. Christophe BOISBOUVIER, « Guerre au Mali, le plus dur est à venir », *Jeune Afrique*, 12 février 2013.
179. Christophe BOLTANSKI, « Mali, mais qui contrôle Kidal », *Le Nouvel Observateur*, 12 février 2013.
180. « Mali, l'alliance des Français avec les ex-rebelles du MNLA sème le trouble », *FranceTV info*, 20 février 2013.
181. AFP, « Mali, l'armée française se coordonne avec les rebelles touareg », 21 février 2013.
182. « Mali, la vengeance, base des combats entre MNLA et Mouvement arabe de l'Azawad », *RFI*, 24 février 2013.

ment d'alliance, si la France ne le juge plus utile à la défense de ses intérêts.

Pour ces groupes, précurseurs du conflit comme le MNLA ou opportunément créés comme le MIA, l'objectif est que le « parrainage » de la France les amène à la table des négociations post-conflit et les légitime alors que les autorités de Bamako et l'opinion publique malienne les tiennent pour responsables de la dégradation de la situation, de massacres et des destructions d'infrastructures.

UNE BARBOUZE FRANÇAISE GRENOUILLE AVEC LE MNLA

Le 17 janvier 2013, un drôle de personnage, Robert Dulas, accorde une interview au journal suisse *La tribune de Genève*. Émissaire officieux, barbouze, ancien conseiller de divers chefs d'États africains, vice-président de la société militaire privée française Secopex, cet ex-« ambassadeur itinérant et plénipotentiaire » a été nommé, en 2010, par la junte au pouvoir à Niamey pour travailler « à l'émergence d'une province autonome touareg »[183].

Bien avant que le MNLA et le MIA n'aient repris la ville de Kidal, Dulas explique qu'un accord se négocie en coulisses avec le MNLA : « Des contacts ont été pris avec la France, les choses sont en phase de finalisation ». Il détaille largement son rôle d'intermédiaire : « J'ai aidé à la réalisation d'une tournée diplomatique pour leur ouvrir des portes en Europe et aux États-Unis. Il fallait que les gens et en particulier les politiques comprennent

183. La Lettre du Continent n°604, 27 janvier 2011.

que les Touareg du MNLA étaient laïques et totalement contre l'application de la charia. En France, ils ont été reçus à l'Assemblée nationale, au Sénat, aux Affaires étrangères et dans différents ministères. Ils ont aussi pu nouer des contacts avec le Nigeria et l'Algérie. Par la suite, ils ont été perçus différemment. La Suisse aussi a noué des contacts avec eux et collaboré à la rédaction de textes de consensus. »[184]

LES AUTORITÉS FRANÇAISES, RELAIS DES REVENDICATIONS AUTONOMISTES

La légitimation par les autorités françaises de droite comme de gauche du MNLA et de ses revendications a été soulignée par un certain nombre d'observateurs de la crise malienne, dès ses débuts.

En janvier 2012, le groupe armé du MNLA vient de lancer ses attaques. Ansar Dine, le groupe armé d'Iyad Ag Ghali, allié à Aqmi, se greffent sur l'offensive en cours à Aguelhok. Un massacre de plusieurs dizaines de soldats maliens est perpétré, ce qui déclenche une très forte émotion dans la société malienne et chez les militaires. Dans ce contexte, le ministre des Affaires étrangères Alain Juppé lors de sa visite à Bamako le 26 janvier 2012, appelle au dialogue avec le MNLA[185] : « Ce n'est pas à nous de négocier, ce n'est pas à nous de proposer des solutions dans ce domaine. Nous pou-

184. Alain JOURDAN, « L'appui des Touareg aux forces françaises se négocie en coulisses », *La tribune de Genève,* 17 janvier 2013.

185. « Au Mali, Alain Juppé appelle au dialogue avec les rebelles », RFI, 27 février 2012.

vons simplement être en appui et en médiation, mais un dialogue inter-malien est absolument nécessaire». Ces déclarations déclenchent un tollé au Mali.

Un an plus tard, le 26 janvier, Alain Juppé publie sur son blog un article où il semble vouloir donner également du crédit au groupe Mouvement islamique de l'Azawad (une scission d'Ansar Dine au lendemain de l'intervention de janvier 2013, qui en appelle soudain à une solution politique): «beaucoup d'entre eux [des Touareg] se battent, depuis des décennies, non pour imposer la charia mais pour faire valoir leurs droits. Nous avons affirmé notre détermination à garantir l'intégrité territoriale du Mali et c'est un principe fondamental. Mais dans ce cadre, des solutions de décentralisation poussée, voire d'autonomie sont envisageables»[186].

Cette stratégie d'installation de certains mouvements dans un rôle de représentants politiques légitimes trouve des relais, conscients ou non, dans la majorité socialiste actuelle en France. Pour ne citer qu'elle, Elisabeth Guigou, députée, présidente de la Commission des Affaires étrangères déclare le 2 février 2013 qu'«il faut qu'un plan d'autonomie pour le nord du Mali soit mis en place parce que c'est demandé depuis très longtemps par les Touaregs en particulier mais pas seulement.»[187]

Ce type de déclaration, de même que le soutien au MNLA, qui a déclaré l'indépendance de l'Azawad le 6 avril 2012, entre pourtant en totale contradiction avec l'objectif affiché de l'intervention française d'aider

186. Sur son site.
187. Interview à *Infomatin* sur *BFM* le 2 février 2013.

le Mali à reconquérir son territoire septentrional. Pour ne prendre qu'un seul autre exemple dans la région, on peut s'interroger sur le traitement particulièrement favorable des revendications politiques de ces groupes alors que les revendications indépendantistes et pour le retrait de l'occupation par le Maroc du Sahara occidental du Front Polisario sont un réel tabou pour la classe politique et médiatique française qui apporte un soutien diplomatique sans faille au Maroc sur ce dossier.

LA VISION SIMPLIFICATRICE ET CLIVANTE DES AUTORITÉS FRANÇAISES

L'engouement des autorités et médias français pour le peuple touareg et l'autonomie du Nord évacue d'autres points de vue ou positions de Maliens, difficilement relayées, qui évoquent des réalités qu'ils connaissent bien : le MNLA n'est pas représentatif des Touareg, loin s'en faut et ces derniers ne sont pas les seuls habitants du Nord du Mali. Les autorités comme les médias français ne rappellent pas non plus que des personnalités touarègues sont aux commandes des plus hautes institutions du Mali[188], et siégeaient à l'Assemblée nationale à la veille de la crise.

Escamotée également l'histoire politique complexe de la région et les différents accords – en particulier le Pacte national signé en 1992 – qui ont permis d'intégrer de nombreux Touaregs et Arabes du Nord dans

188. Comme Oumarou Ag Mohamed Ibrahim Président du Haut Conseil des Collectivités, Assarid Ag Ambarcaouane, vice-président de l'Assemblée nationale, Agatham Ag Alhassane, ex-directeur de l'ABFN, ex-ministre de l'Environnement puis de l'Agriculture.

l'armée et dans l'administration depuis vingt ans et prévu le décaissement de sommes importantes pour le développement du Nord du pays. Ces sommes, trop souvent accaparés par les responsables politiques et militaires du Nord et de Bamako, n'ont au Nord comme dans d'autres régions jamais résolu les problèmes innombrables des populations. La responsabilité des élites locales dans la dégradation de la situation, dans la corruption et dans la mauvaise application des accords précédents est grande, au moins aussi importante que celles des élites de Bamako.

L'APPEL À LA RÉCONCILIATION

En parallèle de la poursuite de l'intervention militaire, les pressions internationales ont décidé du cadre censé permettre une réconciliation et un dialogue entre les Maliens, la Commission dialogue et réconciliation, mise sur pied début mars 2013 afin de « rechercher le dialogue, la réconciliation entre toutes les communautés maliennes » et qui sera également chargée « de recenser les forces politiques et sociales concernées par le processus de dialogue et de réconciliation ». De vives critiques à l'encontre de cette commission ont été mises en lumière par des Maliens. Des observateurs ont souligné que ce type de commission est né en Afrique du Sud, dans le cas d'une société divisée en deux, et s'interrogent sur le parallèle avec le contexte malien, où la majorité des Maliens se reconnaissent comme tels et comme membres d'une société pluriculturelle.

Se pose la question de savoir qui intégrer, qui est légitime, dans ce processus de réconciliation nationale. Depuis des mois, dans la communauté internationale, un grand nombre d'acteurs en appellent à des négociations avec les composantes maliennes des groupes ayant pris les armes. Les négociations entamées à plusieurs reprises entre le pouvoir intérimaire malien et des représentants de groupes, notamment Ansar Dine mais également MNLA échouaient pour des motifs divers, tandis que dans l'opinion malienne, cette question provoquait de vives tensions.

Fin janvier 2013, lorsque le Premier ministre malien avait présenté la feuille de route aux députés du Mali de fortes réserves avaient été émises : « Au sujet de la négociation avec 'les groupes armés qui ne remettent pas en cause l'intégrité territoriale et la constitution', il y a eu un tollé général des députés, selon lesquels il n'y a pas de négociation possible avec le MNLA. »[189] Les députés ont bien vu qu'il s'agissait de leur faire avaler que les groupes armés seraient à la table des négociations, mais ont fini par voter le texte à l'unanimité. Sous pression.

Cette feuille de route faisait écho aux demandes de la communauté internationale et de la France en premier lieu. Laurent Fabius déclarait le 28 janvier 2013 : « il revient aux autorités maliennes de préparer des élections et d'engager sans plus attendre des discussions avec les représentants légitimes des populations du nord (élus locaux, société civile) et les groupes armés non terroristes qui reconnaissent l'intégrité

189. « Mali, transition : la feuille de route en débat devant l'Assemblée nationale », Koaci.com, 29 janvier 2013.

territoriale du Mali. Seul un dialogue nord-sud permettra de préparer le retour de l'État malien dans la région Nord»[190].

Evoquer un «dialogue nord-sud», alors que ce type d'expression était inexistante auparavant tout comme celles évoquant «le Nord-Mali» devient alors une façon de figer des oppositions et de gommer la complexité de la situation qui prévaut y compris au nord du pays. A l'inverse, la diversité des points de vue de Maliens issus d'organisations politiques ou de la société civile présente une vision bien plus nuancée et complexe des réalités du pays, des questions sous-jacentes aux rébellions touareg et des solutions pour l'avenir, et évite des amalgames rapides. Et certains de souligner la nécessité de reconstruire un vivre ensemble également entre communautés et populations, y compris au nord du pays. Un collectif des conseils régionaux de Mopti, Tombouctou, Gao et Kidal en appelait en janvier 2013 à un processus où «les populations civiles et l'ensemble de leurs élus et représentants [seraient] au cœur du processus de paix et de réconciliation» et engagent leur responsabilité collective «pour la préservation de notre vivre ensemble»? Et une pétition lancée en février 2013 par des intellectuels se revendiquant «Touareg maliens, vieux et jeunes, nomades et sédentaires, réfugiés et déplacés» visait à se démarquer du MNLA, revendiquant l'égalité entre Maliens et la non violence.

Le ministre des Affaires étrangères place également sur le même plan dans la citation évoquée ci-dessus

190. Point de presse du 28 janvier 2013 de M. Laurent Fabius, ministre des Affaires étrangères.

les élus des régions du Nord et les « groupes armés non terroristes qui reconnaissent l'intégrité territoriale du Mali » – comprendre le MNLA en premier lieu – alors que ce même groupe a été le premier à prendre les armes en janvier 2012 et qu'il a déclaré l'indépendance de l'Azawad en avril dernier (sur le plateau de France 24).

Si le ministre français se positionnait en facilitateur, par exemple en demandant à une délégation du MNLA reçue en novembre de renoncer à l'indépendance[191], il n'en reste pas moins que ce dernier groupe a ensuite continué (de façon fluctuante) à revendiquer l'indépendance de l'Azawad.

Le ministre ne lui demande pas de déposer les armes immédiatement mais « le moment venu », un moment que l'on peut imaginer que la France décidera en fonction des nécessités de continuer à avoir le MNLA à ses côtés sur le terrain : « Le moment venu, il faudra que tout groupe, ça vaut pour le MNLA comme pour tout autre groupe armé, accepte d'être cantonné et de renoncer à ses armes », a-t-il déclaré le 5 avril 2013, à Bamako[192].

Une chose est sûre, la France est bien décidée à maintenir la pression sur les autorités maliennes. En répétant qu'« il faut qu'il y ait ce dialogue avec toutes les composantes de la société malienne» à l'instar de François Hollande le 28 mars sur France 2, il s'agit aussi pour la France de s'assurer que les Maliens débattront largement du statut de(s) région(s) du Nord du

---

191. AFP, « Guerre au Mali, Fabius invite le MNLA à désarmer », 23 novembre 2012.
192. AFP, « Fabius au Mali: Bamako s'engage pour tenir 'le pari' des élections en juillet », 5 avril 2013.

Mali. Laurent Fabius, lors de la séance de questions de l'Assemblée nationale au gouvernement du 6 février 2013 introduisait lui même la question sensible de l'« autonomie » dans les termes de ce débat : « le gouvernement malien et l'assemblée malienne ont voté une feuille de route qui s'engage (...) à préfacer ces élections par un dialogue avec toutes les populations et notamment celles du nord – les populations touareg qui très injustement depuis très longtemps ont été mises à l'écart, mais cela vaut aussi pour les populations bambara, songhaï, arabe, peul. Nous allons faire effort avec les autorités maliennes pour développer ce dialogue autour des notions d'autonomie et de décentralisation »[193].

193. Séance de questions au gouvernement du 6 février 2013.

16. Le mirage d'une reconstruction « dans l'intérêt des Maliens »

L'ensemble des habitants du Mali est touché par la crise politique, économique et sécuritaire qui sévit dans leur pays. L'occupation du Nord du pays a en particulier fortement perturbé la production agricole et le commerce dans et en direction de cette zone.

En 2012, le secteur tertiaire a connu une forte récession (-8,8%). Les sociétés dont les premiers clients étaient les institutions ont vu leur chiffre d'affaires chuter, du fait de la réduction du budget de l'État ayant suivi l'arrêt des aides internationales. Le tourisme et l'hôtellerie restauration ont été durement touchés, de même que l'industrie : 20% des usines de la capitale ont fermé et 60% ont eu recours au chômage technique. Pendant ce temps, les prix flambaient : carburant, gaz et produits de première nécessité sont parfois passés du simple au double. L'insécurité alimentaire menace de nombreuses personnes et les servies publics ont été très affectés, notamment dans les zones occupées puis « libérées ».

Malgré l'augmentation de la production agricole de 14% en 2012, due à une bonne saison des pluies (en comparaison notamment de 2011) il est difficile de se fier aux prévisions de la Banque Mondiale, qui annonce une croissance proche de 5% en 2013[194]. Les calculs de la Banque Mondiale intègrent, il est vrai, des éléments économiques et macro-écono-

194. Banque Mondiale, « Mali Economic Update », janvier 2013, disponible sur le site de la Banque Mondiale.

miques (comme l'augmentation de la production d'or) fort éloignés des réalités de survie des populations maliennes.

C'est dans ce contexte de marasme économique, doublé de l'importance des destructions liées à la guerre que les bailleurs internationaux se mobilisent pour la « reconstruction ». Une mobilisation pas vraiment désintéressée ni adaptée aux vrais enjeux économiques du pays.

LE SYSTÈME DE L'AIDE INTERNATIONALE

Très vite après le lancement de l'intervention au Mali, la France s'est montrée proactive sur le volet diplomatique de la reconstruction, prétendant ainsi « montrer l'exemple ». Elle a rapidement repris son aide bilatérale, suspendue suite au coup d'État : 150 millions d'euros pour des « projets concrets et de l'action humanitaire d'urgence, notamment à destination des populations de l'extrême Nord du pays ».

Plus important, elle est parvenue sans difficulté à s'imposer comme l'administratrice en chef du Mali via l'Union européenne en l'incitant à organiser une première conférence des donateurs pour le Mali, puis une seconde au mois de mai 2013.

Comme l'expliquait ouvertement le ministre des Affaires étrangères Laurent Fabius le 21 mars 2013 lors d'une Conférence sur le développement du Mali à Lyon, cette conférence internationale des donateurs sera coprésidée par le Président de la République française et par celui de la Commission européenne et « sera, dans notre esprit, une enceinte de coordination qui fixera un cap commun aux acteurs nationaux et internationaux participant à la refondation du Mali, cap défini sur la base des perspectives dessinées par les Maliens eux-mêmes. Les donateurs, les représentants du gouvernement malien, les ONG internationales, les associations maliennes, les collectivités locales européennes et maliennes, le secteur privé, tous ceux qui veulent aider le Mali seront consultés. » Comprendre que les orientations concernant la reconstruction du Mali seront fixées par cette conférence et que les autorités maliennes seront bien consultées, mais au même titre que tous les autres acteurs. Hors de question ici de préserver les formes en faisant mine d'attendre l'élection présidentielle et le nouveau Président malien, censé définir la politique de son pays et ses orientations dans le cas d'un pays souverain : les décisions sur l'avenir du Mali continueront à se prendre par d'autres et ailleurs.

Avec de telles mesures, il est à craindre que l'aide internationale pour le Mali perpétue un système plaçant le pays sous tutelle économique, continuant à façonner ses institutions en fonction des intérêts des donateurs et de leur secteur privé – et fonctionnant grâce à la complaisance des élites locales.

PERPÉTUER LES OUTILS DU PILLAGE

Dans ce contexte et alors que ces dernières années, la société civile malienne mais également d'autres observateurs et des politiques se sont battus contre différentes formes de pillage, l'imposition du calendrier politique par la France et la communauté internationale ne laisse guère de place à la réforme du modèle économique, minier, foncier, qui serait pourtant un élément d'amélioration à long terme de la vie des Maliens.

La société civile se mobilise depuis un grand nombre d'années contre l'extraversion de l'économie du pays, menée sous la pression de la communauté internationale et avec la complicité des élites. La privatisation des nombreuses sociétés en est l'un des visages. Une étude de la CAD Mali de 2005 montrait qu'elles n'ont pas généré de ressources pour l'État ni n'ont maintenu l'emploi[195].

Le code minier est également un sujet capital dans ce pays qui est le 3e producteur d'or en Afrique, l'or représentant 66% des exportations. En mars 2011, un scandale consécutif à la mission d'information des eurodéputées écologistes Eva Joly et Michèle Rivasi sous l'impulsion de l'ARACF, une organisation de ressortissants militant contre l'implantation d'une mine d'uranium sur leur commune, Faléa, avait révélé que le Ministère des Mines, créé sous Alpha Oumar Konaré en 1995, au moment de la libéralisation du code minier et des réglementations en matière d'investissement sous l'impulsion de la Banque Mondiale, était l'instrument docile des sociétés minières[196]. Les exploitants des quelque dix mines d'or au Mali craignent des évolutions du code minier, avec l'augmentation des taxes et des contrôles sur les quantités exploitées, bref, une réforme qui serait en faveur des Maliens.

---

195. Voir le site www.cadmali.org

196. Juliette POIRSON, « Falea ou la colonisation minière au Mali », *Billets d'Afrique et d'ailleurs*, 9 mai 2012.

L'accaparement des terres, possible grâce à un code foncier qui ne protège pas les paysans n'a pas cessé avec la crise au Mali. « Selon les organisations paysannes, entre 400.000 et 500.000 hectares de terres ont été distribués à des investisseurs étrangers ou nationaux au Mali au détriment des paysans. Au-delà des droits humains, c'est la sécurité alimentaire du pays qui est en jeu ».[197] Ibrahima Coulibaly, président de la CNOP (coordination nationale des organisations paysannes du Mali) détaille « Des villages entiers sont rachetés par des entreprises et des violences sont commises contre les paysans qui refusent d'abandonner leurs terres. Les autorités veulent faire du Mali un nouveau Brésil ! D'autres cas d'accaparement des terres ont été recensés, notamment dans l'Office du Niger où un projet de plantation de canne à sucre destinée à la production de sucre et d'éthanol devrait voir le jour. »[198]

LE BUSINESS DE LA RECONSTRUCTION

Les interventions militaires s'accompagnent toujours de l'espoir d'occuper une place privilégiée en matière de « reconstruction post-conflit » du pays dans lequel on intervient, qu'il s'agisse des gros marchés publics, des exportations de biens ou de services, ou de l'exploitation du sous-sol. Le Mali ne fait bien sûr par exception à la règle, même si dans son cas, les intérêts économiques sont davantage pensés au niveau régional que strictement national.

---

197. RFI, « L'accaparement des terres au Mali », 24 novembre 2012.
198. « Situation politique et accaparement des terres au Mali », *Alimenterre.org*, 2012.

Voici ce qu'écrivait à ce sujet sur son blog le député PS de la 9ème circonscription des Français de l'étranger, Pouria Amirshahi, au retour d'une mission au Mali du 3 au 5 février 2013 : « *La coopération économique avec le Mali doit être réfléchie dès à présent. Pendant que la France poursuit ses opérations militaires aux côtés des armées malienne et africaines, d'autres puissances préparent déjà l'après. J'ai trop en tête l'exemple – sans doute caricatural, mais tellement parlant – de la Libye. De toutes les grandes capitales européennes – Italie, Espagne, Grande Bretagne, Allemagne –, Paris est la seule à ne pas disposer d'une liaison directe avec Tripoli. La reconstruction de l'État malien passe aussi par un renouveau économique. Il est de notre responsabilité de faire en sorte que les entreprises françaises y prennent toute leur part.* »

17. Mise sous tutelle militaire du Mali et militarisation de la région

Les risques d'enlisement du conflit ont été pointés bien avant la décision française d'intervenir au Mali, avec pour illustration les exemples des dernières interventions occidentales en Afghanistan et en Irak. La plupart des réserves émises par les analystes, journalistes, diplomates français et étrangers concernant une intervention militaire au Mali portaient sur son issue incertaine, sur son coût humain, matériel, financier et sur le peu de perspectives tangibles qu'elle pouvait susciter pour la stabilité du pays et de la région. Avec des mouvements armés affaiblis mais disséminés dans des espaces géographiques quasiment incontrôlables, des règlements de comptes visant certaines populations, des réfugiés et déplacés se comptant par centaine de milliers, des institutions maliennes extrêmement affaiblies et des troupes étrangères occupant le pays, c'est dans un contexte très incertain que les autorités françaises, jugeant « l'objectif atteint », ont commencé à opérer le retrait progressif de leurs troupes au profit d'une opération de maintien de la paix de l'ONU.

UN CONFLIT SANS ISSUE PRÉVISIBLE

Le 8 mars 2013, deux mois à peine après le début de l'intervention, le ministre français de la Défense annonçait lors d'un déplacement au Mali que l'Opération Serval avait rempli 70% de sa mission. Dès le

28 mars lors de son discours sur *France 2*, le Président Hollande estimait que l'intervention militaire française au Mali avait atteint tous ses « objectifs », excepté la libération des otages détenus par Aqmi.

Si les groupes armés ayant occupé le Nord du Mali ont effectivement subi de lourdes pertes dans les combats contre les armées française et tchadienne et ont été contraints de s'éparpiller, ils n'ont pas disparu pour autant. Leur capacité à se reconstruire, à changer de forme, à tisser de nouvelles alliances pour mener des actions sporadiques ou massives (attentats, prises d'otages, opérations armées contre des villes) demeure imprévisible, à l'image des violents affrontements qu'a connus la ville de Tombouctou durant la fin de semaine des 30 et 31 mars 2013.

Au delà des actes de guérilla constatés dans les villes du nord du Mali après leur libération, des offensives telles que celles menées depuis le déclenchement de Serval contre l'installation gazière de In Amenas en Algérie par le groupe de Moktar Belmokhtar ou la prise d'otage français le 19 février au Cameroun, sont à redouter y compris dans les pays voisins. Jean-Yves le Drian, interrogé par *Le Monde* le 11 mars sur l'issue du conflit refusait de répondre à la question du journaliste sur la possibilité que la France pourchasse les djihadistes pendant dix ans aux côtés des Américains et déclarait « Aqmi est un tout. C'est l'ensemble de la structure qu'il faut mettre à bas et non pas tel ou tel leader. Parmi les combattants de départ, très nombreux (plus de 3.000), certains mercenaires se sont éparpillés ; d'autres ont rejoint l'étranger, mais c'est devenu plus difficile, car les pays voisins ont fermé leur frontière ; d'autres ont été neutralisés ; d'autres, enfin, se sont regroupés dans l'Adrar des Ifoghas où nous avons trouvé beaucoup de terroristes, autour de cinq cents. »[199]

Comme c'était déjà le cas en amont du conflit, l'impossibilité pour des forces armées de garder le contrôle de l'ensemble de la zone désertique au nord du pays, et pas seulement des villes, limite considérablement les chances de rétablir rapidement une paix durable sur l'ensemble du territoire malien. Quelle que soit l'issue du processus de rétablissement des institutions engagé par les autorités maliennes sous pression des « partenaires » internationaux, le rétablissement de l'État de droit sur l'ensemble du pays paraît compromis à courte échéance.

LA MISSION DE « MAINTIEN DE LA PAIX »

C'est dans cette perspective et alors que l'offensive se poursuit au nord du Mali que la France a obtenu l'appui des États-Unis dès le début du mois de février pour amener le Conseil à adopter une résolution sur la constitution d'une mission de maintien de la paix – composée de casques bleus – en lieu et place de la force africaine prévue par la résolution 2085. La mission était provisoirement dénommée *Minuma*, pour Mission de stabilisation des Nations unies au Mali.

Plusieurs semaines après cette première proposition rendue publique par la France, les autorités maliennes n'avaient toujours pas fait de demande

199. Nathalie GUIBERT, « Le Drian, la fin de Serval doit coïncider avec la solution politique au Mali », *Le Monde*, 11 mars 2013.

formelle à l'ONU. En effet, le gouvernement malien et de nombreuses voix se sont inquiétées au Mali des conséquences d'un tel déploiement, de ses objectifs en matière d'interposition (entre qui et qui ?) et ont souligné que le déploiement de forces pourrait amener à entériner la partition du pays, alors que le recouvrement du territoire par l'armée malienne n'est pas achevé.

La frontière entre maintien de la paix, maintien de l'ordre et la compatibilité de cette mission avec des opérations de guerre pose question jusque dans l'enceinte de l'ONU. Le 19 février 2013, lors d'un débat du Comité spécial des opérations de maintien de la paix, Monsieur Selim, le représentant du Mouvement des non-alignés « s'est inquiété de l'utilisation de la force dans le contexte du maintien de la paix. Une extension injustifiée des capacités des Opérations de maintien de la paix pour leur permettre d'utiliser la force risque de rendre floue la frontière entre le maintien de la paix et le maintien de l'ordre, ou de mettre en danger l'impartialité de la composante militaire de la mission. » Une mise en garde du représentant d'un groupe qui compte la plupart des pays contributeurs de troupes.

Début mars 2013, le Conseil de sécurité mandatait le Secrétaire général pour rédiger un rapport sur la faisabilité de cette mission. Il a pu compter sur le chef du département des opérations de maintien de la paix, le Français Hervé Ladsous, résolument décidé à mettre sur pied cette mission, en concordance avec les intérêts français.

Le rapport, présenté le 27 mars 2013 par le Secrétaire général de l'ONU au Conseil de sécurité recommande le déploiement au Mali d'une opération de maintien de la paix (OMP) de 11 200 soldats, accompagnée d'une « force parallèle » chargée de poursuivre la lutte contre les djihadistes. Les Casques bleus seraient principalement constitués par les effectifs de la Misma, la force africaine, déjà présente au Mali avec quelque 7.000 hommes qui ne feraient que « changer d'écusson ». Le rapport suggère également l'envoi de 1.440 policiers.

Dans ce dispositif contrôlé par les Nations Unies, la France restera largement décisionnaire : « L'essentiel sera contrôlé par les Nations unies. Au sein du dispositif, il y aura un certain nombre de Français, tout comme au sein de l'État-major » explique Laurent Fabius à la conférence « la France puissance d'influence », tenue à la Sorbonne le 27 mars 2013.

Mais surtout, la France gardera toute latitude d'intervention en étant chargée en tant que force « parallèle » d'assurer la lutte antiterroriste, ce qui rappelle sa capacité à se laisser le champ libre tout en habillant ses interventions du voile onusien – comme avec la force Licorne en Côte d'Ivoire par exemple : les mille soldats qui resteront sur le sol malien à partir de 2014 notamment constitueront cette force française dont on peut imaginer qu'elle s'installera durablement sur place.

Pour la France, le recours aux casques bleus ne présente ainsi que des avantages. Tout d'abord, permettre de donner un cadre légitime et dans la durée à la présence des troupes françaises au Mali et dans la région, en particulier sa base au Tchad qu'elle n'hésitera pas à faire participer à son dispositif de lutte contre le terrorisme. Cette opération qui risque d'être extrêmement coûteuse – il est déjà question de plus de 800 millions de dollars par an, soit « la quatrième opération de maintien de la paix la plus importante » – offrira en outre une base de financement stable, puisque toute mission de maintien de la paix est automatiquement financée par l'ONU.

Pas étonnant donc que malgré les pressions françaises pour rédiger cette nouvelles résolution de l'ONU, le vote de la résolution autorisant le déploiement de cette force ait été repoussé de plusieurs semaines. Le 15 avril, la France revenait toutefois à la charge avec une proposition de résolution demandant le déploiement d'une opération de maintien de la paix, dénommée cette fois *Minusma* (pour Mission intégrée des Nations unies pour la stabilisation au Mali), au 1er juillet.

LA CHASSE GARDÉE DE LA FRANCE À L'ONU

Le Département des opérations de maintien de la paix de l'ONU, communément appelé DPKO est une tradition française[200]. Créé en 1992, il a été dirigé par des Français sans discontinuer depuis 1997.

Le « chef de l'armée du monde », selon le titre pompeux du *Journal du Dimanche* (6 mai 2012) est depuis 2011 un Français méconnu: Hervé Ladsous. Ancien chef de cabinet de Michèle Alliot-Marie puis d'Alain Juppé, il a eu tout au long de sa carrière l'occasion de s'illustrer dans les rouages de la *Françafrique*.

200. Mathieu LOPES, « Qu'est ce qui se passe Ladsous ? », *Billets d'Afrique et d'ailleurs*, décembre 2012.

Un pan de la carrière de Ladsous mérite en particulier que l'on s'intéresse à lui, comme l'a fait Matthew Russel Lee, journaliste d'investigation indépendant *d'Inner City Press* (ICP) : son rôle de représentant de la France à l'ONU pendant le génocide au Rwanda. C'est en effet Hervé Ladsous qui représentait la France lors de la séance du Conseil de sécurité du 21 avril 1994 où fut votée la diminution des effectifs de la MINUAR au Rwanda, alors que le génocide des Tutsi avait commencé depuis quinze jours.

Le Rwanda n'est pas la seule casserole que traîne Ladsous. Alors chef de cabinet de Michèle Alliot-Marie, c'est lui qui aurait organisé les scandaleux voyages de la ministre dans l'avion d'un homme d'affaire proche du dictateur tunisien Ben Ali.

Au vu de ses anciennes fonctions diplomatiques pour la France, sa façon de gérer dans le cadre onusien des dossiers sur lesquels la France n'est pas neutre peut être mise en cause. Un exemple : les cas de torture perpétrés par les autorités marocaines au Sahara Occidental.

Ce genre de conflit d'intérêts est courant à l'ONU : Jeffrey Feltman, le directeur du Département des affaires politiques s'est expliqué plusieurs fois sur le conflit d'intérêts potentiel avec ses anciennes fonctions au Département d'État américain. Son prédécesseur, le nigérian Ibrahim Gambari, répondait souvent aux questions sur les liens possibles avec ses anciennes fonctions dans les services nigérians, à l'ONU ou à l'Union africaine.

Au-delà de ces questions, *Inner City Press* relève un dysfonctionnement global de l'ONU, notamment sur l'Afrique. Plusieurs exemples récents concernant la Côte d'Ivoire ou la RDC ont révélé la production et la diffusion d'informations partiales, sur des sujets sensibles.

Récemment, la nomination de Romano Prodi, ancien Président de la Commission européenne, comme envoyé spécial de l'ONU au Sahel a fait grincer des dents à l'Union africaine et dans certains départements de l'ONU. Outre le doute sur les compétences de personnalités nommées, certains pointent du doigt une « *européanisation* » des missions africaines de l'ONU sous Ban Ki-Moon. Les responsables des dernières missions de l'ONU au Libéria, en Sierra Leone, en Côte-d'Ivoire sont tous européens.

LES RÉPERCUSSIONS DANS LA RÉGION

Quand elles appelaient à l'intervention puis quand elles l'ont déclenchée, les autorités françaises ont évité consciencieusement d'évoquer les risques de déstabilisation de la zone et la phase de post-conflit, se réfugiant derrière l'argument de la fermeture des frontières par les pays voisins. Cet argument s'est avéré dérisoire dès la première semaine après le conflit, avec la prise d'otages massive qui s'est achevée tragiquement sur le site gazier d'In Amenas, au sud-est de l'Algérie, le 19 janvier 2013, premier attentat dont on peut considérer qu'il est intervenu en réaction à l'intervention militaire française au Mali, que ce soit pour adresser un message à la France ou à l'Algérie.

Des observateurs de différents pays de la zone considèrent que des actions violentes comme des attentats ou prises d'otages pourraient se produire dans leur propre pays, comme cela a été le cas au Cameroun avec l'enlèvement d'une famille française le 25 février

2013. L'articulation entre des groupes violents préexistant dans la zone (Boko Haram, groupes islamistes de Libye, Aqmi) et des mouvements politiques islamistes en fort développement dans la majorité des pays sahéliens – du Soudan au Sénégal) les inquiète.

Le chef de l'ONU Ban Ki-moon, dans un rapport au Conseil de Sécurité du lundi 8 avril évoquait également les liens potentiels entre le conflit au Sahara occidental et la crise au Mali, appelant à une résolution « urgente » de la crise au Sahara occidental.

C'est au nom de cette situation que la France, de même que les États-Unis (qui renforcent leur renseignement militaire) vont encore renforcer durablement leur présence militaire dans la zone – et cette fois-ci sous couvert de l'ONU. La situation actuelle marque pourtant l'échec de leur politique de « lutte contre le terrorisme » des années 2000 à propos de laquelle le chercheur Jean-François Bayart écrivait en 2010 : « l'intervention étrangère va agir comme une prophétie autoréalisatrice et finir par créer la menace qu'elle entend conjurer, non sans enclencher toute une série d'effets pervers. »[201].

LA FRANCE OBTIENT UNE MISSION DE CASQUES BLEUS

C'est dans ce contexte et alors que l'offensive se poursuit au nord du Mali que la France avait obtenu l'appui des États-Unis dès le début du mois de février 2013 pour amener le Conseil à adopter une résolution sur

201. Jean-François BAYART, « Le piège de la lutte anti-terroriste en Afrique de l'Ouest », *Mediapart*, 28 juillet 2010.

le déploiement de casques bleus en lieu et place de la force africaine prévue par la résolution 2085.

Plusieurs semaines après cette proposition rendue publique par la France, les autorités maliennes n'avaient toujours pas fait de demande formelle à l'ONU. Le gouvernement malien et de nombreuses voix se sont inquiétées au Mali des conséquences d'un tel déploiement, de ses objectifs en matière d'interposition (entre qui et qui ?) et ont souligné que le déploiement de forces pourrait amener à entériner la partition du pays, alors que le recouvrement du territoire par l'armée malienne n'est pas achevé. C'est comme à l'accoutumé la diplomatie française qui a rendu public le courrier des autorités maliennes à l'ONU du 25 mars 2013.

De plus, la frontière entre maintien de la paix, maintien de l'ordre et la compatibilité de telles missions avec des opérations de guerre pose question jusque dans l'enceinte de l'ONU. Le 19 février 2013, lors d'un débat du Comité spécial des opérations de maintien de la paix, Monsieur Selim, le représentant du Mouvement des non-alignés (qui compte la plupart des pays contributeurs de troupes de maintien de la paix) « s'est inquiété de l'utilisation de la force dans le contexte du maintien de la paix. Une extension injustifiée des capacités des Opérations de maintien de la paix pour leur permettre d'utiliser la force risque de rendre floue la frontière entre le maintien de la paix et le maintien de l'ordre, ou de mettre en danger l'impartialité de la composante militaire de la mission. »

La France a obtenu du Conseil de sécurité du mandater le Secrétaire général de l'ONU pour rédiger un rapport sur la faisabilité d'une mission de maintien de la paix, présenté le 27 mars 2013. Pour le rédiger, Ban Ki-Moon a pu compter sur le chef du département des opérations de maintien de la paix, le Français Hervé Ladsous, résolument décidé à mettre sur pied cette mission, en concordance avec les intérêts français, pour rédiger ce rapport faisant la part belle aux propositions françaises.

Malgré des reports du vote sur cette mission, les pressions françaises ont finalement obtenu gain de cause. Le 25 avril, la Conseil a adopté la résolution 2100 autorisant le déploiement de l'opération de stabilisation *Minusma* (pour Mission intégrée des Nations unies pour la stabilisation au Mali), à compter du 1er juillet, si les conditions le permettent.

L'opération sera constituée de 12 600 casques bleus, émanant principalement de la Misma, la forte africaine déjà présente au Mali avec quelque 7000 hommes, qui ne feraient que « changer d'écusson ». Elle sera accompagnée d'une « force parallèle » chargée de poursuivre la lutte contre les djihadistes.

Dans ce dispositif onusien, la France entend rester largement décisionnaire. Avec le français Hervé Ladsous comme chef du département des opérations de maintien de la paix, elle aura également des hommes qui feront partie du dispositif y compris au sein de son état-major et soutient ouvertement le souhait de son armée supplétive, l'armée tchadienne, d'en obtenir le commandement.

Ce n'est pas tout. En vertu de cette résolution, la France qui restera militairement présente, est autorisée à « utiliser tous les moyens nécessaires » pour soutenir la *Minusma* en cas de menace grave et imminente, à la demande du secrétaire général, un mandat renouvelable tous les six mois. S'il ne s'agit pas d'une force « parallèle », qui aurait sans doute trop rappelé la force Licorne en Côte d'Ivoire, la France a obtenu de l'ONU un mandat officiel tout en gardant toute latitude d'intervention, et un blanc-seing pour son installation militaire durable au Mali. La plupart des mille soldats qui resteront sur le sol malien à partir de 2014 constitueront cette force française.

Pour la France, l'arrivée des casques bleus ne présente ainsi que des avantages. Tout d'abord, donner un cadre légitime et dans la durée à la présence des troupes françaises au Mali et dans la région, en particulier sa base au Tchad qu'elle n'hésitera pas à faire participer aux missions au Mali. Ensuite, garder le contrôle de l'intervention, par sa présence centrale dans le dispositif – que ce soit à New York ou dans l'état-major et du fait de la présence des tchadiens.

Cette opération qui risque d'être extrêmement coûteuse – il est déjà question de plus de 800 millions de dollars par an, soit « la quatrième opération de maintien de la paix la plus importante » – offrira en outre une base de financement stable, puisque toute mission de maintien de la paix est automatiquement financée par l'ONU.

Conclusion

Le travail d'analyse critique porté par l'association Survie sur l'intervention française au Mali ne prétend pas offrir une lecture de ce qui aurait dû être fait dans les différentes étapes de la crise malienne pour la résoudre. Beaucoup d'analystes, think tanks et commentateurs en tous genres se sont copieusement adonnés à ce type d'exercice, donnant souvent l'impression de prétendre connaître ce pays, ses populations et ses espaces géographiques mieux que les Maliens eux-mêmes et maîtriser l'art de la guerre et la stratégie mieux que les militaires.

Loin de cette prétention, l'association n'a cherché qu'à exercer, comme elle l'a toujours fait, une vigilance de citoyens sur les décisions prises en leur nom par les dirigeants de ce pays, sans craindre de se heurter au consensus pusillanime et à l'unanimisme cocardier qui, dans notre monarchie républicaine, entoure toute décision de l'exécutif de projeter des troupes sur un sol étranger, en particulier en Afrique.

Les points d'analyse présentés dans cet ouvrage ne manqueront pas d'être passés au crible des critiques de ceux qui reprochent à Survie de tout voir à travers le prisme d'une *Françafrique* qui n'existerait plus, ou de ceux qui ont choisi de soutenir (publiquement ou non) une intervention « faute de mieux, parce qu'il fallait empêcher le Mali de tomber dans les bras des terroristes ». Parmi ces derniers, pourtant, nombreux sont ceux, notamment parmi les Maliens, qui s'accordent à reconnaître l'utilité de produire une telle analyse des enjeux que le traitement de l'actualité immédiate n'a à ce jour pas permis d'aborder.

Parmi ces enjeux, outre l'avenir politique, économique et sécuritaire du Mali et de la région, figure naturellement le futur des relations franco-africaines.

Malgré la promesse de François Hollande d'en finir avec la *Françafrique* et l'ingérence, affirmée à de nombreuses reprises dans sa campagne électorale, le changement de Président de la République et de gouvernement survenu en France, en mai 2012 a été marqué par une intensification de l'activisme diplomatique et militaire sur le dossier malien, puis par la décision de mener une guerre de grande ampleur au Mali.

Indéniablement, cette politique menée par la France au Mali, analysée dans ses différentes composantes dans le présent ouvrage, est à bien des égards caractéristique des dérives de la relation franco-africaine dénoncées depuis fort longtemps par Survie : imposition de choix politiques et stratégiques (processus de transition, calendrier électoral, médiation extérieure, organisation de la « reconstruction ») à un pays supposé souverain, conduite d'opération militaires à la place de l'armée nationale, utilisation du paravent de l'ONU, mobilisation des instances européennes pour soutenir une stratégie purement française, utilisation de forces supplétives pour donner un « vernis » africain aux opérations, recrutées auprès des régimes les moins recommandables du continent (au Tchad en particulier), etc.

Même si l'Opération Serval n'est pas totalement comparable à l'ensemble des interventions menées depuis les indépendances, qui ont pour leur écrasante majorité permis à des potentats locaux à la solde de la France de garder le pouvoir face à des contestations internes ou externes, elle s'inscrit dans l'histoire tumultueuse des relations franco-africaines dont le Président français et son prédécesseur avaient promis de tourner la page.

Les plus fervents défenseurs de l'intervention française au Mali au sein du gouvernement français ou du Parti socialiste ont cependant cherché à rendre cette intervention la plus présentable possible, en accentuant la figure manichéenne d'un « ennemi » au projet politique et religieux indéfendable et en s'appuyant sur la mise en scène médiatique de témoignages de joie et de soulagement de Maliens épuisés par l'angoisse et la guerre.

Les éléments de langage utilisés ont cherché à frapper les esprits par des messages simplificateurs. « Le Mali n'aurait peut-être pas été sauvé si les Français avaient élu un autre Président que François Hollande ! » claironnait ainsi à Niamey le 17 mars dernier le Premier secrétaire du Parti Socialiste, Harlem Désir, lors d'une réunion du Comité Afrique de l'Internationale Socialiste consacré à la situation au Mali[202].

François Hollande osait même déclarer lors de son voyage au Mali le 2 février 2013 : « Nous payons aujourd'hui notre dette à votre égard (...) Je n'oublie pas que lorsque la France a été attaquée, lorsqu'elle cherchait des soutiens, qui est venu, c'est l'Afrique, c'est le Mali, merci le Mali »[203]. En mettant en regard cette intervention et le rôle des tirailleurs africains lors des guerres mondiales, le Président comparait non seulement des situations sans commune mesure mais surtout dédouanait la France de son passé colonial,

202. Voir sur le site www.parti-socialiste.fr
203. AFP, « Mali, Hollande accueilli en libérateur, promet de terminer la mission », 2 février 2013.

marqué notamment par le recrutement forcé de soldats et de travailleurs.

Une fois la première phase de l'intervention militaire menée, la France a tenu à se positionner parmi les piliers de la reconstruction et du retour à la paix civile, multipliant les initiatives diplomatiques, les concertations avec les ONG, les migrants, les collectivités locales et portant à bout de bras l'organisation de la Conférence des donateurs organisée à Bruxelles le 15 mai 2013, sous égide de l'Union Européenne. Le 25 avril, c'est largement sous influence française que la résolution 2100 a été adoptée par le Conseil de Sécurité de l'ONU.

Ce souci des autorités françaises de draper l'intervention au Mali de visées humanistes et de la faire accepter par l'opinion française et africaine est d'autant plus préoccupant pour qui s'intéresse à la présence française en Afrique depuis 1960 et tente de promouvoir un autre cadre de relations, qu'elle a permis de dégager une certaine unanimité dans l'opinion sur le « fond » de l'intervention.

Utilisant la stratégie éprouvée du « plus c'est gros plus ça passe », les dirigeants socialistes et certains de leurs zélés porte-plumes dans les médias ont même fait de cette politique menée au Mali un symbole fort de rupture avec la *Françafrique*.

« Au Mali, comme dans les discours qu'il a tenus à Dakar, à Alger, à Kinshasa, à Bamako, (...) François Hollande n'a pas seulement réaffirmé les liens puissants qui unissent la France et l'Afrique : il a aussi regardé l'Histoire en face et tourné définitivement la page de la Françafrique » déclarait ainsi sans complexe Harlem Désir à Niamey[204].

Pourtant, si l'on se fie aux nombreuses manifestations de continuité dans la conduite des relations franco-africaines produites par l'exécutif arrivé au pouvoir en mai 2012, cette vision ne tient pas l'analyse : accueil de dictateurs à l' Élysée (Ali Bongo, Paul Biya, Blaise Compaoré, Idriss Déby, etc.), promotion acharnée des intérêts économiques français et du franc CFA, déplacement décrié au sommet de l'OIF de Kinshasa, dans le fief du tyran Kabila, attitude des plus timorées de la diplomatie française face à la répression violente de mouvements citoyens au Togo, au Tchad, à Djibouti, etc.

Pas plus au Mali qu'ailleurs en Afrique la rupture avec la politique impérialiste de la France en Afrique n'est observable.

UNE GUERRE DE RECONQUÊTE ?

A bien des égards, on est tenté de voir dans cette intervention de la France au Mali une stratégie de « reconquête », poursuivie avec des desseins différents mais souvent convergents, par les acteurs de cette opération, militaires ou civils. Une reconquête qui ne concerne pas que le seul Mali.

Alors que le terme de *reconquête* ne figure pas dans le texte de la résolution 2085 du Conseil de Sécurité de l'ONU du 20 décembre 2012, le porte-parole du ministre français des Affaires étrangères évoquait

204. Ibid.

dès le 21 décembre un mandat destiné à « permettre au pays de recouvrer son intégrité territoriale par la reconquête du Nord »[205]. La résolution parle pourtant d'une « force internationale sous conduite africaine ». En aucun cas la France n'a donc obtenu de l'ONU ce mandat de reconquête, qui n'était par ailleurs pas demandé non plus par le Président malien dans son courrier adressé le 9 janvier 2013 à François Hollande.

Le mot de reconquête est également bien sûr celui employé par l'armée française, relayée par les médias, pour qualifier la prise des principales villes du Nord par l'armée française, avec le soutien très symbolique de l'armée malienne.

Dès le 28 mars 2013, François Hollande déclarait qu'« à la fin du mois d'avril, nous allons nous retirer » mais aussi qu' « à la fin de l'année, un millier de soldats seront présents » : comme il l'avait dit précédemment le 2 février à Bamako, l'armée française, surtout, restera au Mali « le temps qu'il faudra », et s'installe de façon évidente au Mali pour un temps long.

Les modalités de la continuité de la présence militaire française dans le pays et dans la région manquent encore de description précise, de même les modalités de participation ou de coopération des forces françaises avec la force de maintien de la paix de l'ONU, la Minuma, dont le déploiement était annoncé pour le mois de juillet 2013, après le vote d'une résolution en avril[206].

205. Communiqué diffusé sur le site du MAE : Mali, adoption de la résolution 2085 par le Conseil de Sécurité, 21 décembre 2012.
206. Discours de M. Laurent Fabius devant la Commission des Affaires étrangères de l'Assemblée nationale le 12 mars 2013.

Quelle forme prendra la présence et l'influence de l'armée française au Mali et dans la région dans les mois, les années et les décennies à venir ? La question reste ouverte.

Le terme de reconquête peut également être employé pour décrire d'autres aspects de l'intervention. L'opération a été l'occasion d'une forme de reconquête de l'influence des militaires, qui contestaient des choix annoncés en matière de restrictions de programmes et crédits militaires (dans le cadre du Livre Blanc sur la Défense) et de redéploiement de troupes en Afrique, auprès des dirigeants français. L'idéologie interventionniste en Afrique, mise à mal par des années de discours officiels de supposée remise en cause de la *Françafrique*, sous la pression de l'opinion, a retrouvé des couleurs. Certains diplomates qui paraissaient avoir une vision divergente de la stratégie française et qui contestaient le rôle prépondérant du Ministère de la Défense sur la gestion de la crise ont été remerciés. En quelque mois, de nombreux postes ont valsé au Quai d'Orsay et dans les Chancelleries, le plus médiatisé étant celui du sous-directeur Afrique du Quai, Laurent Bigot, accusé d'avoir tenu des propos excessifs sur le Mali et sur le régime burkinabè lors d'une conférence publique.

La reconquête opérée a aussi concerné l'opinion publique dans un contexte difficile pour le pouvoir présidentiel français. Dans les premiers jours de l'intervention, la figure du chef de guerre a eu un impact sur les sondages d'opinion du chef de l'État, avant que l'effet ne s'estompe rapidement.

Enfin, nous avons assisté à une improbable reconquête de légitimité diplomatique par des présidents de la région, tels le tchadien Idriss Déby ou le burkinabè Blaise Compaoré, contestés par leur opinion et sur la scène internationale par leur longévité au pouvoir et leurs pratiques autoritaires.

Intervenue dans une période de réflexion critique sur la politique de la France en Afrique, l'opération au Mali fait redouter aujourd'hui une nouvelle phase d'intervention, de présence et d'influence française dans le Sahel, de légitimation de ses bases militaires, de retour en grâce de potentats locaux et une érosion des contre-pouvoirs sur ces questions. Elle fait également craindre le renforcement de la domination française et de la mise sous tutelle de peuples et de leurs gouvernants. La consolidation des piliers politiques, idéologiques et militaires de la *Françafrique*, en quelque sorte.

Postface

La déclaration du Président Hollande lors de sa prestation télévisée du 28 mars 2013, dans laquelle il affirmait que la France serait intraitable quant au respect strict de la date fixée pour la tenue des élections en juillet prochain, a déchiré le masque de libérateur du Mali qu'il avait arboré jusqu'ici.

Par ailleurs, l'entrée triomphale des rebelles centrafricains à Bangui le 23 mars 2013 en présence même des troupes françaises et de celles de la FOMAC a intrigué bien de gens.

Comment comprendre alors les sanctions draconiennes infligées au Mali suite au coup d'État du 22 mars 2012, la mise brutale du pays sous la tutelle de la Cedeao, l'imposition d'une transition, d'un président et d'un gouvernement de transition, d'une feuille de route, la prolongation du mandat des députés, tout en refusant au peuple malien le droit de se réunir en conférence nationale souveraine pour décider de son propre destin ?

Pourquoi ce qui a été refusé au Mali a-t-il été autorisé en Centrafrique ? Pourquoi a-t-on exigé des concertations nationales en Centrafrique et refusé la même chose au Mali ? Pourquoi a-t-on exigé le retour à l'ordre constitutionnel au Mali au travers d'une lecture biaisée de la Constitution et de l'autre coté entériné de fait la prise du pouvoir à Bangui par les rebelles de la Séléka ?

A l'évidence la résolution des crises en Afrique, bien souvent crées ou suscitées, se fait en fonction des intérêts des occidentaux, en l'occurrence ceux de la France. Le reste est mise en scène.

Selon le ministre français des Affaires étrangères au terme de son séjour du 5 avril 2013 à Bamako, 1.000 soldats français resteront sur place en appui aux forces africaines placées sous mandat de l'ONU. Ainsi sera concrétisée la présence militaire française au plus près de l'uranium et du pétrole tant convoités par Areva et Total. Les dernières déclarations françaises font tomber du coup toutes celles antérieures et démasquent l'essence néocoloniale du projet français au Mali.

Ainsi la France est bel et bien intervenue au Mali. Elle ne se retirera pas de si tôt. Pire elle cherche à y imposer par le biais d'élections précipitées ses hommes de main au pouvoir et pérenniser ainsi son pré carré africain.

L'aventure militaire de la France au Mali s'apparente fort à une fuite en avant face à la crise économique, financière, morale et politique qu'elle traverse. Face aux promesses électorales non tenues et à la montée en puissance des revendications populaires, Hollande espérait tant redorer son blason. Rien n'y fit. Il ajouta les menaces de livraison aux rebelles syriens. Une diversion de plus !

La fébrilité avec laquelle le gouvernement français met sous pression le gouvernement intérimaire malien par les visites successives de ses dirigeants de premier plan, Président de la République, Président de l'Assemblée nationale, ministres de la défense, des Affaires étrangères, du Développement, Premier secrétaire du Parti socialiste est symptomatique des inquiétudes qui commencent à pointer à l'horizon.

Le plus dur apparemment reste à venir. Non pas parce que les jihadistes n'ont pas dit leurs derniers mots. Mais surtout en raison de la myopie politique des décideurs français dans leur volonté d'imposer coûte que coûte au peuple malien des institutions et des hommes qui sans conteste, apparaissent comme étant les fossoyeurs de son avenir. La *Françafrique*, malgré les dénégations de Hollande, reste encore en place.

Cependant il n'existe pas de solution en dehors des Maliens eux-mêmes. La volonté française de persévérer finira par aboutir une explosion sociale plus déterminée et plus dévastatrice. Vouloir maintenir le statu quo ante, prendre les mêmes et recommencer sans trouver une solution aux défis brulants et multiples que pose la jeunesse malienne avec de plus en plus d'impatience, risque de poser des graves problèmes.

Le tutorat forgé à coups de bombes et d'élections imposées à la va vite ne règlera rien du tout. Les peuples ont soif partout de justice sociale, de liberté et de paix. Telle est la constante de l'histoire universelle !

Pr. Issa NDIAYE, le 9 avril 2013

Chronologie (janvier 2012-avril 2013)

JANVIER

– 17 : Première attaque par le MNLA du camp militaire de Menaka au nord du pays, signant le déclenchement de la rébellion
– Très rapidement, les attaques du MNLA se font en lien avec Ansar Dine, un groupe armé se réclamant de l'islam radical, et Aqmi.
– 24 : près de 70 soldats maliens prisonniers sont massacrés à Aguelhok.

FÉVRIER

– 2 : Manifestation des femmes de soldat, à Kati, qui a un écho important dans l'opinion
– 23 : L'AFP signale qu'un campement de civils Touaregs a été la cible de tirs d'hélicoptères de l'armée malienne.
– 27 : Juppé, en visite au Mali, appelle au dialogue avec les rebelles.

MARS

– 22 : Des militaires faisant partie des « bérets verts », renversent le régime d'Amadou TT, l'accusant d' « incompétence » dans la lutte contre la rébellion touareg et des groupes islamistes dans le Nord. Le CNRDRE, « Comité national pour le redressement de la démocratie et la restauration de l'État », dirigé par le capitaine Amadou Toumani Touré Haya Sanogo, dissout les institutions.

– 27 : Le sommet extraordinaire de la Cedeao à Abidjan nomme Blaise Compaoré médiateur dans la crise malienne. La Cedeao menace le Mali d'embargo en l'absence de retour à l'ordre constitutionnel.
– 30 : Le groupe islamiste Ansar Dine, appuyé par le MNLA et des éléments d'Aqmi, s'emparent de Kidal (nord-est). Le 31, les rebelles prennent Gao.

AVRIL

– 1er : Le MNLA prend Tombouctou, dernière ville du Nord encore sous contrôle gouvernemental. Le 2, Ansar Dine et Aqmi s'en emparent, chassant le MNLA.
– 2-7 : Embargo total de la Cedeao (sanctions économiques, financières et diplomatiques) à l'encontre de la junte à Bamako, levées par la signature sous pression de l'accord cadre.
– 6 : « Accord-cadre » signé entre la junte militaire et la Cedeao prévoyant le transfert du pouvoir aux civils, la constitution d'un gouvernement de transition pendant 40 jours, puis d'un gouvernement consensuel.
– 12 : Dioncounda Traoré est investi Président intérimaire pour une durée de 40 jours, en tant qu'ancien Président de l'Assemblée nationale.
– 14-16 : La Conférence des forces vives du Mali, au Burkina Faso, sous l'égide de Blaise Compaoré, censée aboutir à la constitution d'un « gouvernement d'union nationale composé de personnalités consensuelles » ne débouche sur aucune avancée

tangible ; la médiation de Compaoré est mise en cause par certaines coalitions politiques participantes.

- 17 : L'astrophysicien Cheick Modibo Diarra est nommé Premier ministre de transition. Une nomination qui suscite des critiques à Bamako puisque Diarra est un proche de l'ancien dictateur Moussa Traoré et de Compaoré, et que le nouveau gouvernement comprend l'un des plus proches conseillers de ce dernier (Sadio Lamine Sow, ministre des Affaires étrangères). Contrairement aux obligations stipulées dans l'accord-cadre, les «*forces vives*» n'ont pas eu leur mot à dire.
- 30 : Les putschistes affirment avoir fait échouer une tentative de contre-coup d'État par des forces restées loyales à AMADOU TOUMANI TOURÉ, les «bérets rouges» (au moins 22 morts).

MAI

- 20 : Suite à des tractations entre la junte et la Cedeao, Dioncounda Traoré est reconduit à la tête de l'État pour un an. Il est censé organiser des élections dans ce laps de temps.
- 21 : Le Président Traoré est blessé dans son bureau à la présidence près de Bamako par des manifestants opposés à son maintien au pouvoir. Il part se faire soigner à Paris.

JUIN

- 27 : Les islamistes du Mujao (Mouvement pour l'unicité et le jihad en Afrique de l'Ouest) prennent le contrôle de Gao après des combats avec le MNLA. Bilal Ag Cherif, secrétaire général du MNLA, blessé, est évacué par un avion militaire burkinabè et transporté à Ouagadougou. Le 28, les forces du MNLA quittent Tombouctou sur injonction d'Ansar Dine.

– 30 : Des islamistes d'Ansar Dine entament la destruction de mausolées de saints musulmans à Tombouctou, en représailles à la décision de l'Unesco de classer la ville patrimoine mondial en péril.

JUILLET

– 5 : Entretien téléphonique entre François Hollande et le Président tchadien, Idriss Déby. le Conseil de sécurité des Nations Unies adopte à l'unanimité la résolution 2056, présentée par la France, apportant son soutien aux efforts de la Cedeao et de l'Union Africaine pour résoudre la crise au Mali. Cette résolution, placée sous chapitre VII de la Charte des Nations unies, prend note des travaux de planification militaire des organisations régionales pour y déployer une force de stabilisation. Elle appelle tous les États à coordonner leurs efforts pour lutter contre le terrorisme d'Aqmi, du Mujao et leurs soutiens et demande l'adoption de sanctions.

– 11 : le Représentant spécial du Secrétaire général de l'ONU pour l'Afrique de l'Ouest, l'Algérien Said Djinnit, déplore devant le Conseil de sécurité que les arrangements transitoires, y compris l'adoption d'une feuille de route pour la tenue d'élections et de la restauration de l'intégrité territoriale du Mali, n'aient pas encore été consolidés. « Cette situation, a-t-il noté, a conduit les dirigeants de la Cedeao à accélérer le déploiement de la Force en attente de la Cedeao au Mali, et ce, sans avoir recueilli l'accord préalable des autorités maliennes ».

– 15 : Laurent Fabius est reçu à Alger par le Président Bouteflika.
– 26 : Laurent Fabius débute sa tournée au Sahel au Niger et déclare que les « grands pays » comme la France apportent leur « soutien » aux Africains sur ce dossier et que « si nous pouvons être un facilitateur de ce qui peut être fait dans l'intérêt des Maliens et de la sous-région, nous remplirons ce rôle de facilitateur, ni plus ni moins ».
– 27 : Laurent Fabius est au Burkina et s'entretient avec son homologue Djibrill Bassolé avant d'être reçu par Compaoré.
– 27 : Le Président Traoré regagne Bamako après deux mois de convalescence à Paris.
– 27 : La Cedeao bloque une livraison d'armes lourdes achetées par l'État malien sous Amadou Toumani Touré. Blindés et munitions, sont bloqués dans plusieurs ports de la sous-région, notamment Conakry et Dakar.
– 28 : Durant son passage controversé au Tchad, Laurent Fabius déclare aux côtés du Président tchadien Idriss Déby que « le Tchad a fait part de sa disponibilité pour concourir à une solution de la crise au Mali », en relevant que ce pays dispose d'une certaine « capacité militaire ».
– 29 : Traoré annonce de nouveaux organes de transition réduisant les pouvoirs de son Premier ministre.

– 31 : Des militaires arrêtés après leur participation au contre-coup d'État de fin avril ont été victimes d'exécutions sommaires, de tortures ou ont disparu dans la ville de garnison de Kati (Amnesty International).

AOÛT

– Démarrage de la mission « civile » Eucap Sahel Niger, visant l'appui des forces nigériennes pour lutter contre le terrorisme et la criminalité organisée : « Les intérêts de l'UE dans cette région sont multiples : ils comprennent la lutte contre l'insécurité et la criminalité organisée, la sécurité énergétique et l'immigration illégale. »
– 4 : Le ministre français de la Défense Jean-Yves Le Drian déclare qu'une intervention militaire africaine est « souhaitable et inéluctable », « la France la soutiendra et je l'espère, l'Union européenne aussi ».
– 7 : Le ministre burkinabè des Affaires étrangères, Djibrill Bassolé rencontre les groupes armés qui contrôlent le Nord du Mali. En tant que médiateur de la Cedeao pour la crise malienne, le Burkina Faso dit vouloir favoriser des discussions directes entre les autorités maliennes de transition et les groupes armés du Nord.
– 9 : Blaise Compaoré reçoit Saïd Djinnit. Celui-ci sera à Abidjan le 12 août pour une entrevue avec Alassane Ouattara, Président en exercice de la Cedeao.
– 10 : Le Maroc propose à l'ONU de nommer un émissaire spécial pour le Mali, différent de l'Algérien Said Djinnit, « déjà surchargé de travail des

questions allant de la piraterie dans le golfe de Guinée au coup d'État en Guinée-Bissau». L'ambassade de France à l'ONU, Gérard Araud déclare que c'est une idée française.

– 21 : Après de longues tractations, constitution d'un nouveau gouvernement d'union nationale au Mali loin de faire l'unanimité qui signe le retour des partis politiques traditionnels et – une première – la création vivement contestée d'un ministère des Affaires religieuses et des cultes.
– 27 : Discours de François Hollande à la conférence des ambassadeurs : « Au nord du Mali s'est constituée une entité terroriste assumée et revendiquée comme telle, qui lance un défi à nos intérêts, à nous valeurs et à notre population (...) ».

SEPTEMBRE

– 1er : Le Mujao prend le contrôle total de Douentza (Mopti, centre), après en avoir renvoyé des milices alliées.
– 2 : Selon les services de renseignements français, des armes auraient récemment été livrées via le Burkina Faso au Mujao.
– 4 : Le représentant spécial de la France pour le Sahel, Jean Felix-Paganon annonce depuis Abidjan que le Mali a officiellement demandé une aide militaire à la Cedeao.
– 5 : Selon le HCR, à cette date, plus de 450.000 Maliens ont fui leur foyer au Mali, dont 265.000 se sont réfugiés dans les pays alentour.

– 12: Le Président malien formule au secrétaire général de l'ONU, Ban Ki-moon, une demande « d'appui et accompagnement ».
– 18: Blaise Compaoré est en visite officielle en France. Eclipsé par le chef de l'État ivoirien, il tente, à cette occasion, de revenir au centre du dossier malien. Il rappelle que la Cedeao ne peut pas concevoir une intervention militaire sans avoir le droit de déployer des hommes à Bamako. Il déclare également qu'il est plus facile de négocier avec Ansar Dine qu'avec Bamako.
– 20: Le Premier ministre malien Cheick Modibo Diarra s'entretient à Paris avec Laurent Fabius. Diarra rencontre également Compaoré. Les deux évoquent les points de discordance entre le plan d'intervention militaire de la Cedeao et celui des forces armées maliennes.
– 21: L'ONU se dit prête à « examiner une proposition réaliste pour le déploiement d'une force panafricaine ». Le Président malien souhaite une libération du Nord par « la négociation ou par la force ».
– 23:Le Mali et la Cedeao font part de leur accord sur les conditions de déploiement d'une force africaine, prévoyant notamment que le quartier général des forces africaines soit situé à Bamako.
– 24: Laurent Fabius, annonce à New York que Bamako avait officiellement demandé une intervention militaire internationale dans le Nord du Mali. Le même jour, Ag Mohamed Asseleh, membre du Conseil de transition de l'Azawad, le gouvernement provisoire du MNLA, menace de s'allier aux « groupes islamistes et terroristes » qui occupent le Nord du Mali en cas d'intervention

ouest-africaine, si un accord n'est pas trouvé avec Bamako.

- 26 : Sommet sur le Sahel organisé en marge de la 67e Assemblée générale des Nations unies à l'initiative de la France. A cette occasion, François Hollande demande « une convocation la plus rapide possible du Conseil de sécurité » sur le dossier malien. Le secrétaire général de l'ONU Ban Ki-moon annonce également la nomination prochaine d'un envoyé spécial pour le Mali, ce qui a deux effets : la mise sur la touche du médiateur Compaoré qui avait souhaité intégrer aux négociations le Qatar, soupçonné de soutenir les groupes armés et d'écarter l'Algérien Said Djinnit, représentant spécial du Secrétaire général de l'ONU pour l'Afrique de l'ouest.
- 27 : L'ONU admet l'« urgence » de la situation. Mais se montre très prudente, sur les objectifs et les modalités d'une force militaire internationale. « Toute solution militaire pour résoudre la crise sécuritaire dans le Nord du Mali devrait être envisagée avec une extrême prudence. Elle pourrait avoir de graves conséquences humanitaires », avertit Ban Ki-moon, le patron des Nations unies.
- 26-27 : Les ministres de la Défense de l'UE demandent au Service européen des affaires étrangères d'envisager « *les options disponibles pour soutenir les efforts internationaux visant à venir en aide au Mali* ».
- 29 : Dans un entretien publié dans Le Monde, le Premier ministre malien Cheikh Modibo Diarra rejette la perspective de négociation avec les djihadistes armés, huit jours seulement après l'appel au dialogue lancé par le Président malien aux groupes

armés. « *Les pays qui parlent de négociations nous ont fait perdre du temps* », insiste-t-il, semblant évoquer implicitement le Burkina Faso ou l'Algérie. Au même moment, une source officielle malienne assurait cependant qu'une rencontre venait d'avoir lieu, à Alger, entre une délégation du groupe Ansar Dine et un haut-gradé de l'armée malienne.

OCTOBRE

- 12 : Adoption par le Conseil de sécurité de la résolution 2071, qui réclame de la Cedeao ses plans d'intervention militaire au nord du Mali et exige l'amorce d'un dialogue politique avec les groupes armés « maliens » ayant rompu leurs liens avec les organisations terroristes.
- 16 : Jean-Yves Le Drian annonce sur France 2 à propos d'une intervention au Mali que « c'est une question de quelques semaines, pas plusieurs mois, des semaines ».
- 21 : Visite de Dioncounda Traoré au Qatar.
- 24 : Le Mali est réintégré par l'UA en son sein.

NOVEMBRE

- 14 : L'UA approuve le plan d'intervention militaire de la Cedeao au Mali, qui est donc transféré au Conseil de Sécurité de l'ONU pour approbation finale.
- 19 : Menaka, dernière ville aux mains du MNLA est prise par le Mujao.
- 23 : Une délégation du MNLA est reçue par Laurent Fabius à Paris.

DÉCEMBRE

– 4 : Réunion du gouvernement malien avec des émissaires de MNLA et d'Ansar Dine, sous l'égide de Blaise Compaoré.
– 5 : Idriss Déby est reçu à l'Élysée ; *Ouattara* plaide pour une intervention armée au premier trimestre 2013 ; selon RFI, le Mali demande au Conseil de sécurité des Nations unies une « *action rapide* » pour autoriser le déploiement d'une force internationale dans le Nord du pays.
– 10 : L'UE prend la décision de mettre sur pied une mission de formation militaire pour le Mali (EUTM Mali).
– 11 : Le Premier Ministre Cheik Modibo Diarra « est démissionné » ; un Premier Ministre de consensus, Django Sissoko, est nommé.
– 19-20 : Visite de François Hollande en Algérie.
– 20 : Adoption de la résolution 2085 du Conseil de Sécurité de l'ONU, ouvrant la mise en place d'une mission de forces africaines pouvant avoir recours à la force, la Misma (Mission internationale de soutien au Mali). Les services de renseignement français, britanniques, étasuniens dans la zone repèrent des mouvements de pick-up des occupants.

JANVIER

– 9 : Importantes manifestations à Bamako contre le gouvernement en place ; Prise de Konna par des colonnes djihadistes ; le Président malien écrit à la France pour lui demande de l'aide sous la forme d'une intervention aérienne ; des forces spéciales françaises interviennent, avant même le courrier du Président malien dès le 8 janvier.

- 11 : début officiel de l'Opération Serval pour empêcher la descente de colonnes armées vers le sud du pays.
- 13 : Première annonce d'un pays de l'UE du déploiement à venir d'un soutien militaire à venir (Royaume-Uni ; soutien logistique).
- 14 : Paris demande une réunion au Conseil de sécurité pour les informer sur son intervention au Mali et procéder à un échange de vues.
- 15 : Hollande, dans son discours aux Emirats Arabes Unis, annonce que l'Opération Serval a aussi un objectif offensif pour le recouvrement de l'intégrité territoriale du Mali.
- 16 : La France engage ses premières troupes au sol ; le Tchad commence à envoyer des hommes.
- 17 : les premiers soldats africains (togolais) arrivent à Bamako permettant à la France de dire qu'elle intervient en soutien de la Misma.
- 16-19 : Prise d'otage sur le site gazier d'In Amenas en Algérie.
- 21 : Début de l'aide logistique américaine.
- 24 : 2.400 soldats français sont déployés sur le sol malien – dont plusieurs centaines à Bamako.
- 26 : Reprise de Gao.
- 28 : Le MNLA annonce avoir repris Kidal et se dit prêt à lutter contre les terroristes : le FMI vote un prêt de 18.4 millions de dollars pour le Mali.
- 29 : L'Assemblée nationale malienne vote à l'unanimité la feuille de route proposée par le gouvernement de transition qui prévoit la tenue d'élections et l'ouverture de négociations notamment

avec «les groupes armés qui ne remettent pas en cause l'intégrité territoriale et la constitution», suivant ainsi la demande de la communauté internationale.

– 30 : Reprise de Kidal par les forces françaises et tchadiennes sans les forces maliennes.

FÉVRIER

– 2 : Hollande en visite au Mali.
– 18 : Lancement officiel de la mission européenne EUTM Mali dirigée par une Français, le général Lecointre.
– 26 : Signature de l'accord SOMA entre l'UE et le Mali sur le déploiement de la mission EUTM Mali. Ce type d'accord est censé être préalable au déploiement.
– 28 : Annonce par le Président tchadien de la mort d'Abou Zeid et Moktar Belmoktar.

MARS

– 9 : Les soldats tchadiens intègrent la Misma.
– 15 : Les nations Unies (OCHA) comptabilise 270.765 déplacés internes et 176.777 réfugiés soit 447.452 personnes.
– 16 : 5e soldat français mort.
– 18 : Nomination du français Michel Reveyrand de Menthon comme Représentant spécial de l'UE pour le Sahel, ancien ambassadeur de France au Mali puis au Tchad, à compter d'avril 2013.
– 26 : Un Rapport du secrétaire général de l'ONU demandé par le Conseil de sécurité, envisage le

déploiement d'une mission de maintien de la paix au Mali de 11.200 hommes et nécessitant une « force parallèle » antiterroriste.

– 28 : Le Président français annonce le retrait progressif des troupes françaises du Mali et en appelle fermement à une élection présidentielle avant fin juillet 2013, dans son discours sur *France 2*.

AVRIL

– 5 : Laurent Fabius annonce que 1.000 soldats français resteront au Mali après la fin 2013.
– 11 : Retrait « symbolique » de 100 premiers parachutistes français.
– 22 : Vote à l'Assemblée nationale française sur la prolongation de l'opex au Mali.

Bibliographie

OUVRAGES ET ARTICLES SCIENTIFIQUES

André BOURGEOT, « Sahara, espace géostratégique et enjeux politiques », Autrepart, n°16, Editions de l'Aube - IRD, 2000.
Pierre BOILLEY, Les Touaregs Kel Adagh, Karthala, 2012.
Pierre BOILLEY, « Géopolitique africaine et rébellions touarègues. Approches locales, approches globales (1960-2011) », L'Année du Maghreb, VII, CNRS Editions, 2011.
Mamoudou DJIBO, « Rébellion touarègue et question saharienne au Niger », Autrepart, n°23, Editions de l'Aube - IRD, 2002.
Raphaël GRANVAUD, Areva en Afrique, Coédition Agone-Survie, Dossier Noir n° 24, Paris, 2012.
Raphaël GRANVAUD, Que fait l'armée française en Afrique, Coédition Agone-Survie, Dossier Noir n°23, Paris, 2009.
François-Xavier VERSCHAVE, La Françafrique, le plus long scandale de la République, Stock, Paris, 1998.

ARTICLES JOURNALISTIQUES OU D'ANALYSE D'INTÉRÊT PARTICULIER

Benjamin AUGE, « Au Mali, le pétrole est pour le moment un mirage », Le Monde, 04 avril 2012.
Raphaëlle BESSE DESMOULIERES, « Mali, le malaise des écologistes sur l'intervention française », Le Monde Blog Rouge et Vert, 18 janvier 2013.
Christophe BOLTANSKI, « Mali, mais qui contrôle Kidal », Le Nouvel Observateur, 12 février 2013.
Sarah HALIFA-LEGRAND, Vincent JAUVERT, « Mali, histoire secrète d'une guerre surprise », Le Nouvel Observateur, 10 février 2013.

Mathieu LOPES, « Qu'est ce qui se passe Ladsous ? », Billets d'Afrique et d'ailleurs, décembre 2012.
Jean-Dominique MERCHET, « Mali : plus d'une vingtaine de militaires français ont participé à l'opération antiterroriste », Blog Secret Défense, 24 juillet 2010.
Blaise MAGNIN, Henri MALER, « Guerre au Mali : les JT de TF1 en première semaine », Acrimed, 23 janvier 2013.
Gérard MOREAU, « Guerre au terrorisme : une opportunité pour une tutelle française et européenne renforcée », Billets d'Afrique et d'ailleurs, 9 février 2013.
Gérard MOREAU, Juliette POIRSON, « Luttes d'influences au Sahara », Billets d'Afrique et d'ailleurs, 5 janvier 2013.
Thomas NOIROT, « Deux ministres en tournée françafricaine », Billets d'Afrique et d'ailleurs, 4 août 2012.
Adam NOSSITER, Erik SCHMITT, Mark MAZZETTI, « French Strikes in Mali Supplant Caution of U.S. », New York Times, 13 janvier 2013.
Nathalie NOUGAYREDE, « Mali, les faucons de François Hollande », Le Monde, 29 janvier 2013.
Juliette POIRSON, « Falea ou la colonisation minière au Mali », Billets d'Afrique et d'ailleurs, 9 mai 2012.
Alain RUELLO, « Le livre blanc de la défense au révélateur de l'Opération Serval », Les Echos, 22 janvier 2013.
Daniel SCHNEIDERMANN, « Mali : propagande supersonique », Arrêts sur image, 14 janvier 2013. http://www.arretsurimages.net/vite.php?id=14981
Fabrice TARRIT, « Déby redevient fréquentable, l'impunité de ses crimes demeure », Billets d'Afrique et d'Ailleurs, février 2013.
Mathieu MAGNAUDEIX, « Guerre au Mali : le Parlement cherche son rôle », Mediapart, 23 janvier 2013.
ARTICLES SANS AUTEUR :
— « Mali touaregs : la décomposition », La Lettre du Continent, n°170, 03 septembre 1992.
— « Les alliés de la DGSE au Nord-Mali », Intelligence Online, n°682, 13 février 2013.

http://www.intelligenceonline.fr/renseignement-d-etat/zones-grises/2013/02/13/les-allies-de-la-dgse-au-nord-mali,107944551-ART
— « L'État-major a convaincu Hollande d'ouvrir le feu », Le Canard Enchaîné, 16 janvier 2013.
— « La démocratie, victime collatérale du conflit malien », Billets d'Afrique et d'Ailleurs, février 2013.

RAPPORTS ET PUBLICATIONS OFFICIELLES (FRANCE, UE)

Stratégie de l'Union européenne pour la sécurité et le développement au Sahel, septembre 2011.
DULAIT André, HUE Robert, POZZO DI BORGO Yves, BOULAUD Didier, La France et la gestion des crises en Afrique subsaharienne : quels changements possibles ?, Sénat, Rapport d'information n°450 ; Livre blanc de la défense et de la sécurité nationale de 2008 (France).
François LONCLE, Henri PLAGNOL, Rapport d'information sur la situation sécuritaire dans les pays de la zone sahélienne, Assemblée Nationale, 6 mars 2012.

RAPPORTS D'ORGANISATIONS

Amnesty international, Mali, conflit ethnique et massacre de civils, réf AFR 37/008/1994.
— Mali, des libertés essentielles remises en cause, réf AFR 37/001/1997.
— Mali, les civils paient un lourd tribut au conflit, 2012.
— « Mali, les parties au conflit doivent prendre toutes les mesures pour éviter les pertes civiles », 14 janvier 2013.
— « Mali. L'enquête annoncée par la CPI sur les crimes commis durant le conflit est une grande avancée vers la justice », 16 janvier 2013.

— « Mali, premier bilan de la situation des droits humains après trois semaines de combats », AFR/37/003/2013, 1 février 2013.
Banque Mondiale, « Mali Economic Update », janvier 2013, disponible sur le site de la Banque Mondiale,
Human Rights Watch, « Mali, l'aggravation des tensions ethniques laisse présager de nouvelles violences », 20 décembre 2012.
Pauline IMBACH, « Lettre ouverte à François Hollande », CADTM, 8 mars 2013. Consultable sur le site du CADTM.
Institut Thomas More, « Le Mali, 'maillon faible' de la lutte contre le terrorisme », 15 novembre 2010.
International Crisis Group, Mali : éviter l'escalade, 18 juillet 2012, Rapport Afrique n°189, p. 10.
OCHA, Rapports de situation. http://mali.humanitarianresponse.info/fr/
Reporters sans frontières, « Communiqué - RSF demande le libre accès des journalistes aux zones de combats », 16 janvier 2013 ; « 'Zéro image de combat' : objectif médiatique atteint pour l'Opération Serval », 15 février 2013.
Bérangère ROUPPERT, Les États sahéliens et leurs partenaires extrarégionaux : le cas de l'Union européenne en particulier, GRIP (Bruxelles), Note d'Analyse du GRIP, 6 décembre 2012.

POUR ALLER PLUS LOIN (DOCUMENTS NON CITÉS DANS L'OUVRAGE)

Gilles LABARTHE, L'or africain, Coédition Agone-Survie-Oxfam Agir Ici, Dossier noir n°20, Paris, 2007.
Société malienne des sciences appliquées (MSAS), Cahier spécial - La crise au Mali : recueil de contributions, décembre 2012.

Table des matières

Introduction ... 9

UNE OFFENSIVE ÉCLAIR ... 11

LA NÉCESSITÉ D'EXPRIMER UNE VOIX CRITIQUE ... 13

Partie I

La genèse de la crise et de l'intervention de la France ... 19

Le Mali ... 20

Repères historiques sur la relation franco-malienne ... 23

1. Le Mali, une « vitrine » démocratique qui a volé en éclats ... 27

UN MODÈLE DE DÉMOCRATIE QUI ARRANGEAIT LA COMMUNAUTÉ INTERNATIONALE ... 27

DU DÉLITEMENT À LA CRISE MULTIFORME DE 2012 ... 31

2. Une implication liée à la préservation des intérêts économiques français ... 35

LA SÉCURISATION DE L'ACCÈS AUX MATIÈRES PREMIÈRES DU NORD DU MALI ... 35

LA SÉCURISATION DES MINES D'AREVA ... 37

LES ENTREPRISES FRANÇAISES AU MALI ... 38

3. Les responsabilités de la France dans l'instabilité du Nord du Mali ... 42

LA FRANCE COLONIALE : DE LA CONCEPTION D'UN TERRITOIRE TOUAREG À L'OCRS ... 42

LA FRANCE DÉPASSÉE PAR LES RÉBELLIONS TOUAREG DES ANNÉES 1960, 1990 ET 2000 ... 43

LES RÉPERCUSSIONS DE LA GUERRE EN LIBYE ... 47

LE RÔLE TROUBLE DE L'ALGÉRIE VIS-À-VIS D'AQMI ET DES REBELLES TOUAREG ... 50

4. La « lutte contre le terrorisme » : à géométrie variables ... 56

UNE GUERRE AU NOM DE LA LUTTE CONTRE LE « TERRORISME » ... 56

L'ÉCHEC D'ANNÉES DE LUTTE CONTRE LE TERRORISME ... 61

LES SOUTIENS FINANCIERS PROBABLES AU GROUPES ARMÉS PAR L'ARABIE SAOUDITE ET LE QATAR ... 63

Partie II

Une guerre française 67

5. Une guerre de reconquête préparée de longue date 68

LA « MENACE » SUR BAMAKO 68

LE DÉPLOIEMENT DISCRET ET PROGRESSIF DES FORCES FRANÇAISES 70

LA FRANCE AUX COMMANDES DE L'INTERVENTION 74

6. Une opération de promotion du dispositif militaire de la France en Afrique 77

LE QUADRILLAGE MILITAIRE FRANÇAIS DE LA RÉGION 77

REPRENDRE PIED AU MALI 80

ACCENTUER LA PRÉSENCE FRANÇAISE EN AFRIQUE 83

SERVAL AU SECOURS DU BUDGET DE LA DÉFENSE 86

COÛTS ET BÉNÉFICES DE L'OPÉRATION SERVAL 88

7. Le Président, les militaires et les ministres à la manœuvre, le Parlement à la traîne 90

LE PRÉSIDENT ET SES HOMMES 90

POLITIQUE ET MILITAIRE : UNE CONTINUITÉ ASSUMÉE 92

LE CADRE INSTITUTIONNEL 94

LES PARLEMENTAIRES ET L'INTERVENTION FRANÇAISE AU MALI 96

QUEL « SUIVI » DES PARLEMENTAIRES ? 98

LA POSITION DES PARTIS POLITIQUES FRANÇAIS 101

8. Les médias français vecteurs de la propagande de l'armée 105

LE DÉCLENCHEMENT DE L'OPÉRATION : LES MÉDIAS EN ORDRE DE BATAILLE 105

LA MANŒUVRE MÉDIATIQUE DE L'ARMÉE 109

PAROLES D'EXPERTS 112

Partie III

Habillage multilateral et cautions africaines 115

9. **L'ONU sous influence française** 116

LA FRANCE EN QUÊTE D'UNE RÉSOLUTION POUR LA GUERRE 116

INTOX SUR LA LÉGALITÉ DE SERVAL 118

10. **La Cedeao, caution africaine de l'intervention** 121

UNE DIPLOMATIE PRO-INTERVENTION AVEC LES « AMIS » DE LA CEDEAO 121

LES ARMÉES NON OPÉRATIONNELLES DE LA CEDEAO 122

L'IMPLICATION DANS LA MISMA, UNE AUBAINE POUR LE TOGO 124

LA « MÉDIATION » DE BLAISE COMPAORÉ 126

11. **La légitimation de la dictature tchadienne** 133

FRANCE ET TCHAD EN NÉGOCIATIONS 133

UNE ARMÉE DE SINISTRE RÉPUTATION 135

PARTENAIRE HISTORIQUE DE L'ARMÉE FRANÇAISE 136

LE TCHAD EN PREMIÈRE LIGNE MILITAIRE ET MÉDIATIQUE 138

MANŒUVRES DIPLOMATIQUES 141

12. **La France, gendarme de l'Afrique pour l'Union européenne** 144

ENJEUX STRATÉGIQUES POUR L'UE EN AFRIQUE ET AU SAHEL 144

L'UE ET LA CRISE SAHÉLIENNE 145

INFLUENCE DE LA FRANCE DANS « L'EUROPE DE LA DÉFENSE » ET SUR LE SAHEL 147

LE SOUTIEN EUROPÉEN À L'OPÉRATION SERVAL 150

L'UE EN DEUXIÈME LIGNE 151

Partie IV

Un Mali sous tutelle et toujours instable 155

13. **Les atteintes aux droits** 156
    - UNE SITUATION HUMANITAIRE DOULOUREUSE 156
    - ATTEINTES AUX DROITS HUMAINS 159
    - LES VICTIMES DE LA GUERRE 162
    - DES PRISONNIERS AU SORT INCERTAIN 165
    - MENACES SUR LA LIBERTÉ D'EXPRESSION 166
14. **La mise sous tutelle politique du pays** 169
    - LES PRESSIONS DE LA FRANCE SUR LES AUTORITÉS MALIENNES EN AMONT DE L'INTERVENTION 169
    - L'ARMÉE FRANÇAISE POUR « SÉCURISER » BAMAKO ET LA TRANSITION 171
    - UNE FEUILLE DE ROUTE ARRACHÉE 173
    - DES ÉLECTIONS IMPOSÉES 175
15. **Le soutien de la France à un projet autonomiste** 178
    - LA RÉVÉLATION DE L'ACCORD – À PEINE – SECRET AVEC LE MNLA 178
    - LES AUTORITÉS FRANÇAISES, RELAIS DES REVENDICATIONS AUTONOMISTES 182
    - LA VISION SIMPLIFICATRICE ET CLIVANTE DES AUTORITÉS FRANÇAISES 184
    - L'APPEL À LA RÉCONCILIATION 185
16. **Le mirage d'une reconstruction « dans l'intérêt des Maliens »** 190
    - LE SYSTÈME DE L'AIDE INTERNATIONALE 191
    - PERPÉTUER LES OUTILS DU PILLAGE 192
    - LE BUSINESS DE LA RECONSTRUCTION 194
17. **Mise sous tutelle militaire du Mali et militarisation de la région** 196
    - UN CONFLIT SANS ISSUE PRÉVISIBLE 196
    - LA MISSION DE « MAINTIEN DE LA PAIX » 198
    - LES RÉPERCUSSIONS DANS LA RÉGION 203
    - LA FRANCE OBTIENT UNE MISSION DE CASQUES BLEUS 201

Conclusion 209
UNE GUERRE DE RECONQUÊTE ? 214
Postface 219
Chronologie (janvier 2012-avril 2013) 223
Bibliographie 237

ÉGALEMENT CHEZ TRIBORD

COLLECTION FLIBUSTE

GÉNÉALOGIE DU GÉNOCIDE RWANDAIS,
par Dominique Franche

DE LA FRANÇAFRIQUE À LA MAFIAFRIQUE,
par François-Xavier Verschave

NICOLAS SARKOZY OU
LA FRANÇAFRIQUE DÉCOMPLEXÉE
par Samuël Foutoyet

RWANDA : UNE HISTOIRE VOLÉE
par Renaud Duterme

COLLECTION ŒUVRES VIVES

ELF, LA POMPE AFRIQUE,
lecture d'un procès, par Nicolas Lambert

Dépôt légal
Belgique : 2013/9203/2
France : Août 2013